**Lo que la gente está diciendo sobre el
Apóstol Guillermo Maldonado y *Creados para un propósito*...**

Su vida tiene importancia porque usted fue creado por Dios con un propósito. Una tarea fundamental que tenemos como creyentes es descubrir nuestro propósito. Pero otra tarea importante es aprender cómo alcanzar ese propósito. ¡En su libro *Creados para un propósito*, el Apóstol Guillermo Maldonado explica claramente el proceso necesario para llegar a la meta de una vida exitosa!

—*Dr. Rod Parsley*
Pastor y fundador de World Harvest Church, Columbus, OH

Una de las poderosas verdades presentadas en *Creados para un propósito*, escrito por el Apóstol Guillermo Maldonado, es que nuestro propósito divino siempre está íntimamente relacionado con el avance del reino de Dios. Este principio clave nos enseña a no enfocarnos en lo que nos falta en la vida —lo que no tenemos y lo que creemos que no podemos hacer—, sino a tomar todas nuestras decisiones y planes en función de nuestro propósito. Este enfoque abrirá la puerta a la provisión de Dios en todas las áreas de su vida y lo llevará a perseguir con pasión su propósito dado por Dios. Usted no tiene que retener el propósito que el Señor ha puesto en su corazón. *Creados para un propósito* le muestra cómo Él le ha dado todo lo que necesita para lograr todo lo que Él le ha llamado a hacer.

—*Paula White-Cain*
Ministerios Paula White
Evangelista y pastor principal
New Destiny Christian Center, Orlando, FL

A veces los creyentes corren sin rumbo por la vida, sin una brújula verdadera que los guíe en su viaje. No conocer nuestro propósito es una de las peores situaciones en las que podemos estar. Pero finalmente, ¡ya no hay excusa! El Apóstol Guillermo Maldonado nos ha dado un plano del diseño para descubrir y convertirnos en todo lo que Dios nos ha creado para ser. ¡*Creados para un propósito* ayudará a equipar a miles de creyentes en Cristo Jesús para cumplir su destino ordenado por Dios!

—*Dr. James W. Goll*
Autor, conferencista, entrenador de comunicaciones y
artista de grabación
God Encounters Ministries

En *Creados para un propósito*, Guillermo Maldonado diseña un plan claro sobre cómo descubrir su propósito. ¡Usted se alegrará mucho de haberlo leído! Este libro lo ayudará a evitar quedarse atrapado en la vida sin un propósito definido, o a sacarlo de la monotonía si no ha podido llegar muy lejos en entender su llamado. Dios tiene una intención original para todo lo que Él creó, y tenemos la Biblia y Su voz para ayudarnos a definir Su intención específica para nosotros. *Creados para un propósito* abre sus ojos para ver su destino y luego proporciona pasos prácticos sobre cómo alcanzarlo. ¡Es su temporada para sentirse empoderado para alcanzar la plenitud del propósito de Dios en su vida!

—*Shawn Bolz*
Anfitrión del programa de televisión *Translating God*
Anfitrión del podcast *Exploring the Prophetic*
Autor de *Translating God, God Secrets, y Through the Eyes of Love*
www.bolzministries.com

El Apóstol Guillermo Maldonado ha sido un hijo espiritual para mí por muchos años. Es uno de los creyentes más comprometidos que he conocido y, francamente, es un genio espiritual. Su libro *Creados para un propósito* demuestra cómo todos estamos preocupados por comprender nuestro destino y tener una visión clara, y sé que las claves en este libro le traerán una gran seguridad en estas áreas vitales de su vida.

—*Marilyn Hickey*
Ministerios Marilyn Hickey

CREADOS
para un

PROPÓSITO

GUILLERMO MALDONADO

WHITAKER
HOUSE
Español

Nota: Este libro no pretende brindar consejos médicos o psicológicos, ni sustituir el consejo ni el tratamiento de su médico personal. Quienes tengan pensamientos suicidas o hayan sufrido abuso emocional, físico o sexual deben buscar la ayuda de un profesional de la salud mental o de un consejero calificado. Ni el editor, ni el autor, ni el ministerio del autor asumen responsabilidad alguna por las posibles consecuencias de cualquier acción tomada por personas que lean o sigan la información de este libro. Si los lectores toman medicamentos recetados, deben consultar con sus médicos y no dejar de tomarlos sin la debida supervisión médica. Siempre consulte a su médico u otro profesional de la salud calificado, antes de emprender cualquier cambio en su régimen físico, ya sea mediante ayuno, dieta, medicamentos o ejercicio.

A menos que se indique lo contrario, todas las citas bíblicas han sido tomadas de la versión *Santa Biblia, Reina-Valera 1960*, © 1960 Sociedades Bíblicas en América Latina; © renovado 1988 Sociedades Bíblicas Unidas. Usadas con permiso. Las citas bíblicas marcadas (nvi) han sido tomadas de la *Santa Biblia, Nueva Versión Internacional, nvi®*, © 1999 por la Sociedad Bíblica Internacional. Usadas con permiso. Todos los derechos reservados. Las citas bíblicas marcadas (rva-2015) han sido tomadas de la *Reina Valera Actualizada*, © 2015 por Editorial Mundo Hispano. Usadas con permiso.

El texto en negrita en las citas bíblicas representa el énfasis del autor. Las formas Señor y Dios (escritas en mayúsculas pequeñas) en las citas bíblicas, aluden al nombre hebreo de Dios *Yahweh* (Jehová), mientras que *Señor* y *Dios* escrito normalmente indican el nombre *Adonai*, según la versión de la Biblia usada.

Las definiciones de las palabras en hebreo y griego están tomadas de *Nueva Concordancia Strong Exhaustiva*, © 2002 por Editorial Caribe, Inc., Nashville, TN, y *Diccionario expositivo de palabras del antiguo y nuevo testamento exhaustivo de Vine*.

Otras definiciones están tomadas de Wordreference.com, https://www.wordreference.com/es/, y *Diccionario de la lengua española*, Real Academia Española, https://dle.rae.es/.

Editor ERJ: José M. Anhuaman
Desarrollo Editorial: Gloria Zura
Diseño de Portada: Caroline Pereira

Creados para un propósito

Guillermo Maldonado
14100 SW 144 Ave.
Miami, FL 33186
Ministerio Internacional El Rey Jesús / ERJ Publicaciones
www.elreyjesus.org | www.ERJPub.org

ISBN: 978-1-64123-341-5 • eBook ISBN: 978-1-64123-342-2
Impreso en los Estados Unidos de América
© 2019 por Guillermo Maldonado

Whitaker House
1030 Hunt Valley Circle
New Kensington, PA 15068
www.whitakerhouse.com

Ninguna parte de este libro puede reproducirse o transmitirse de forma alguna por ningún medio, ya sea electrónico o mecánico, incluidas fotocopias, grabaciones o cualquier sistema de almacenamiento y recuperación de información, sin el permiso escrito del editor. Por favor dirija sus preguntas a permissionseditor@whitakerhouse.com.

1 2 3 4 5 6 7 8 9 10 11 ⨅ 26 25 24 23 22 21 20 19

CONTENIDO

PREFACIO

LA MAYOR TRAGEDIA EN LA VIDA NO ES LA MUERTE, SINO VIVIR SIN PROPÓSITO.

PREFACIO

Tarde o temprano, todos nos preguntamos cuál es la razón de nuestra existencia. Muchos no encuentran una respuesta satisfactoria a esta pregunta porque buscan en lugares equivocados. La respuesta solo se puede encontrar en Aquel que nos creó: Dios, nuestro Padre celestial.

La verdad es que usted es una gloriosa creación de Dios, con un propósito único y eterno. Eso significa que usted no es un accidente. Su presencia en la tierra no es un error. Tampoco es insignificante. ¡Usted es querido aquí, y necesario!

Sin embargo, Satanás, el enemigo de nuestras almas, trabaja incesantemente para robarnos nuestra identidad, propósito, potencial y destino porque quiere detener el avance del reino de Dios en la tierra. Por eso, después que entendemos nuestra importancia como hijos de Dios, es necesario que recibamos una revelación de nuestro llamado y destino, y luego comencemos a caminar en el poder del Espíritu de Dios.

El Espíritu Santo inspiró mi corazón para escribir *Creados para un propósito* a fin de compartir la revelación de que Dios tiene un propósito para la vida de cada persona. Este libro comenzó con la obra de Dios en mi propia vida, en la cual me reveló mi propósito en Él y el proceso mediante el cual llegamos a entender nuestro propósito. ¡No puedo guardarme este tesoro! Nunca he actuado egoístamente con lo que Dios me ha dado. Quiero compartir este conocimiento para que miles, quizás millones de personas en esta generación y las venideras, puedan conocer su propósito y alcanzar su destino.

En estas páginas, encontrará temas como la intención original de Dios para cada ser humano, cómo posicionarnos en nuestro propósito y cómo seguir el camino para cumplirlo. Hablo sobre el proceso vital de formar nuestro carácter, de la unción que nos empodera para cumplir nuestro propósito, de cómo vivir para un propósito en lugar de vivir para una necesidad, y de los indicadores que nos permiten identificar nuestro llamado. Creo que leer este libro será el comienzo de un viaje sobrenatural en su vida. Una vez que conozca su propósito, ¡nunca volverá a vivir de la manera que solía hacerlo!

Sumérjase profundamente en esta revelación. Le ayudará a encontrarle sentido a todo lo que le ha sucedido en el pasado, y le ofrecerá un futuro y una esperanza para el resto de su vida en la eternidad. Le llevará a despertarse todos los días lleno de energía, gozo y felicidad. Ya no vivirá en un estado de depresión, aburrimiento o soledad, porque estar en el propósito de Dios nos llena de Su vida eterna.

Reitero, usted no llegó a la tierra por casualidad, por accidente ni por error. Dios lo creó con un

SOMOS DIFERENTES SOLO CUANDO HACEMOS LA DIFERENCIA.

propósito y una intención específica para avanzar Su reino, llenando la tierra con Su gozo, amor y paz.

¡Conozca su propósito y entre en un glorioso destino hoy, aquí y ahora!

LA INTENCIÓN
ORIGINAL DE DIOS

CUANDO NUESTRAS VIDAS CARECEN DE SIGNIFICADO, EL TIEMPO MISMO PUEDE CONVERTIRSE EN UNA CARGA DIFÍCIL DE LLEVAR.

1

LA INTENCIÓN ORIGINAL DE DIOS

Uno de los mayores problemas que muchas personas enfrentan hoy en día no es la falta de tiempo, aunque muchos piensen que es así. Más bien, es el agotamiento y el vacío que sienten —incluso después de trabajar duro e involucrarse en muchas actividades y tareas— porque no tienen una dirección clara en la vida ni saben lo que realmente quieren alcanzar.

Desconocer nuestro propósito, es como arar en el mar o como caminar sin rumbo fijo; nunca vamos a ninguna parte. Considero que la falta de propósito es la razón principal del creciente número de suicidios en los Estados Unidos en años recientes.[1] Cuando las personas no saben para qué viven, la muerte puede resultarles atractiva. Al quitarse la vida pasan de la incertidumbre humana a una dimensión espiritual desconocida.

Tristemente, un gran porcentaje de hombres y mujeres muere sin entender por qué Dios los creó o sin descubrir su propósito en la tierra. Cuando nuestras vidas carecen de significado, el tiempo mismo puede

---

1. Holly Hedegaard, M.D., Sally C. Curtin, M.A., and Margaret Warner, Ph.D., "Suicide Mortality in the United States, 1999–2017," Centers for Disease Control and Prevention, https://www.cdc.gov/nchs/products/databriefs/db330.htm.

convertirse en una carga difícil de llevar. Por el contrario, aquellos que conocen su propósito caminan seguros por la vida y el éxito los persigue. Cuando hablo de "éxito", no me refiero necesariamente a conseguir fama o volverse rico, especialmente teniendo en cuenta que ambos ocupan los peldaños más bajos en la escala de la felicidad. El verdadero éxito está en hacer la voluntad de Dios y cumplir el propósito por el cual fuimos creados. Todo lo demás son añadiduras.

La gente exitosa conquista reinos, crea naciones, cambia la historia. La historia no los hace a ellos; por el contrario, ellos hacen la historia. Moisés liberó a los judíos de la esclavitud, venciendo al imperio egipcio en el proceso, y estableció una nueva nación —Israel— cambiando el curso del pueblo de Dios en la historia. Jesucristo, al morir en la cruz y levantarse de entre los muertos, venció el reino de las tinieblas, trajo el reino de Dios a la tierra y dividió la historia de la humanidad en dos: antes de Cristo y después de Cristo.

Pero esto no está reservado solamente para grandes figuras como Moisés o Jesús, quienes dejaron su marca en la historia. Cuando cualquier persona se atreve a pensar y vivir de manera diferente a la norma, obedeciendo a Dios y siguiendo Sus propósitos, dejará su propia marca en el mundo. Si usted quiere influenciar la historia de su propia vida, la de su familia, su ciudad; incluso de su nación, usted ha llegado al lugar correcto. *Creados para un propósito* ¡lo guiará a producir esa clase de influencia y cambio!

LA SOLEDAD NO ES FALTA DE COMPAÑÍA; ES NO SABER QUE CADA PERSONA TIENE UN PROPÓSITO EN LA VIDA, COMPLEMENTARIO AL DE LOS DEMÁS.

DIOS CREÓ TODO CON PROPÓSITO

Todo ser humano quiere conocer el propósito de su existencia. De hecho, hay cuatro interrogantes que todos buscamos responder en nuestras vidas: (1) "¿Quién soy?" Esta es una pregunta de identidad. (2) "¿De dónde vengo?" Esta es una pregunta de origen. (3) "¿Por qué estoy aquí?" Esta es una pregunta de propósito. (4) "¿Hacia dónde voy?" Esta es una pregunta de destino. Cuando encontremos las respuestas a estas preguntas cruciales experimentaremos la felicidad auténtica. Y el único que puede revelarnos las respuestas es nuestro Creador.

Las personas que desconocen su propósito, a menudo no se entienden ni se aceptan a sí mismas, por lo que terminan compitiendo con quienes las rodean. Intentarán imitar la apariencia de otra persona, buscarán ocupar el lugar que le pertenece a otro o intentarán robar las bendiciones que se han derramado sobre otros más. Dicha competencia surge de la falta de identidad y de ignorar el hecho de que cada individuo tiene un propósito distinto en la vida. Quienes no conocen su propósito siempre serán inseguros.

Dios tiene un propósito para todos y para todo lo que Él ha creado. Aquí podemos definir propósito como "la intención original o la razón por la cual algo fue creado". En el caso de los seres humanos, nuestro propósito es la intención original de Dios; la determinación y el deseo que Dios tuvo cuando nos dio vida. Cuando hablo acerca de nuestra "creación" por parte de Dios, no me estoy refiriendo precisamente a nuestro nacimiento en la tierra, sino al diseño que Él hizo de nosotros en la eternidad, fuera del tiempo *kronos*, o del tiempo cronológico bajo el cual operamos en el mundo.

Así que, al contrario de lo que muchas personas piensan, la vida comienza en el cielo, no en la tierra. Dios nos diseñó en lugares celestiales antes de que viniéramos a vivir en la tierra. Esto lo comprueba la Escritura, cuando Dios le habla al profeta Jeremías y le dice, *"Antes que*

EL PROPÓSITO VIVE EN LA MENTE DEL CREADOR; POR TANTO, SOMOS UN PENSAMIENTO DE DIOS EN ACCIÓN.

te formase en el vientre te conocí, y antes que nacieses te santifiqué, te di por profeta a las naciones" (Jeremías 1:5). Como podemos ver, todo en Dios comienza con Su intención original. Fuimos una idea completamente formada en Su mente antes de que Él nos diera un cuerpo físico. De manera que podemos decir que, antes de nacer ya "somos"; y nuestro Creador ya nos ha dado un propósito único.

Viendo las cosas de esta manera, podemos concluir que el aborto es un pecado, no solo porque se toma una vida humana, sino también porque es un atentado contra un propósito divino. No importa cuántas semanas o meses de gestación tenga un feto, él o ella es una persona, tiene vida, y fue creado por Dios con un propósito definido y único. Nadie tiene el derecho de truncar ese propósito divino.

El propósito le da significado a nuestra vida porque, una vez que lo seguimos, empezamos a marcar la diferencia en el mundo. Sin propósito, día tras día, nuestra vida carece de significado; se convierte en un simple acto de ver cómo pasa el tiempo. De hecho, aquellos que viven sin conocer su propósito actúan irresponsablemente, porque no saben cómo valorar adecuadamente su vida; por eso terminan desperdiciándola. Esta es la razón por la que muchas personas viven infelices, insatisfechas, vacías, desenfocadas, deprimidas y terminan solas.

Además, Dios le ha dado a cada ser humano un período de tiempo para cumplir su propósito en la tierra. Por eso, es necesario que entendamos y empecemos a seguir ese propósito lo antes posible. ¡No podemos perder tiempo! Tenemos que vivir con una misión definida y clara para nuestras vidas. La Biblia establece que, *"Todo tiene su tiempo, y todo lo que se quiere debajo del cielo tiene su hora"* (Eclesiastés 3:1). ¡Es tiempo de descubrir su propósito y comenzar a cumplirlo!

EL ALIENTO DE VIDA

En Génesis 1:26, Dios dijo, *"**Hagamos al hombre a Nuestra imagen**, conforme a nuestra semejanza; y señoree en los peces del mar, en las aves de los cielos, en las bestias, en toda la tierra, y en todo animal que se arrastra sobre la tierra"*. Después, en Génesis 2:7, leemos, *"Jehová Dios formó al hombre del polvo de la tierra, y sopló en su nariz aliento de vida, y fue el hombre un ser viviente"*. Dios es un Ser espiritual, y estos versos ratifican que el hombre fue creado primero como un ser espiritual, a Su imagen, y después le fue dada una forma física, con barro hecho del polvo de la tierra. Fue solo cuando Dios sopló Su *pneuma*, o "aliento" de vida, sobre ese cuerpo hecho de barro, que el hombre recibió vida física.

Esto nos muestra que, desde el inicio de los tiempos el hombre ha vivido en dos mundos: el espiritual y el físico. El mundo espiritual es tan real como el mundo natural. Los primeros seres humanos, Adán y Eva, mantenían comunión con Dios en el jardín del Edén, el cual era la atmósfera de Su presencia. Esta comunicación se realizaba por medio de la parte espiritual de su ser.

El mundo espiritual es tan real ahora como lo era en ese entonces. La gran diferencia entre aquel tiempo y ahora es que, en algún momento después de la creación, el espíritu de los seres humanos murió a causa de su pecado o rebelión contra Dios. (Vea Génesis 3). En un estado de muerte espiritual, es difícil para una persona acceder a la atmósfera celestial original para la cual fuimos creados.

Por eso era necesario que Jesús viniera a la tierra. Solo en Cristo Jesús puede el espíritu de cualquier persona vivir otra vez. (Vea, por ejemplo, Efesios 2:5; Colosenses 2:13). Él nos rescata del mundo de pecado y nos permite vivir en la atmósfera del cielo, donde podemos tener acceso continuo al Padre y al ámbito de Su Espíritu.

DIOS ESTABLECE EL FINAL DESDE EL PRINCIPIO

Para vivir de acuerdo a nuestro propósito, tenemos que entender que Dios nunca hace nada como una simple prueba o un experimento. Cuando Él crea algo, es porque ya le dio un propósito y sabe exactamente cómo Su creación va a responder. *"Según nos escogió en él [Dios] antes de la fundación del mundo, para que fuésemos santos y sin mancha delante de él, en amor habiéndonos **predestinado** para ser adoptados hijos suyos por medio de Jesucristo, según el puro afecto de su voluntad"* (Efesios 1:4–5).

Para entender este pasaje, primero necesitamos explorar qué significa ser *"predestinado"*. La palabra original griega significa "determinar con anticipación" o "disponer". Esta idea indica "dar un fin o un destino" a algo o alguien. El destino de una persona está guiado por una serie de acontecimientos invariables que la conducen a su meta o fin. Por lo tanto, "predestinar" a alguien es establecer su final desde el principio, o decretar su destino con anticipación.

TODA PERSONA FUE CREADA CON UN PROPÓSITO Y LLAMADA DE ACUERDO A ESE PROPÓSITO.

Esta es la manera como Dios trabaja en nuestras vidas: *"Porque yo soy Dios, y no hay otro Dios, y nada hay semejante a mí, que anuncio lo por venir desde el principio, y desde la antigüedad lo que aún no era hecho; que digo: Mi consejo permanecerá, y haré todo lo que quiero"* (Isaías 46:9–10).

Dios predeterminó cuándo y cómo Él salvaría a los seres humanos del pecado y la muerte; y Satanás, el enemigo que siempre se opone a los planes de Dios, no pudo evitar que eso sucediera. Jesucristo, el Hijo de Dios —quien es cien por ciento Dios y cien por ciento hombre— murió en la cruz un día especifico en la historia humana, según el tiempo *kronos* que gobierna la tierra. Sin embargo, en la eternidad, Su vida ya había sido entregada para la salvación de toda la raza humana. Él es *"el Cordero que fue inmolado desde la fundación del mundo"* (Apocalipsis 13:8). La Palabra de Dios declara que solo por la obra de la cruz podemos ser *"rescatados de [nuestra] vana manera de vivir [por] la sangre preciosa de Cristo, como de un cordero sin mancha y sin contaminación, **ya destinado desde antes de la fundación del mundo**, pero manifestado en los postreros tiempos por amor de [nosotros]"* (1 Pedro 1:18–20).

Cuando las Escrituras dicen que fuimos predestinados, hacen énfasis en que Dios tiene un propósito para cada uno de nosotros. Fuimos creados en la eternidad, en un ámbito espiritual, antes de la fundación del mundo, para tener un destino exclusivo, previamente trazado en la mente de Dios. En Dios no hay casualidades. Todo lo que Él formó fue terminado primero en Su mente sobrenatural. Él determina el propósito y después forma a quien ha de cumplirlo. Necesitamos descubrir y vivir ese propósito que Él tiene para nosotros. Sin embargo, debemos tener en mente que Dios también le ha dado a los seres humanos libre albedrío. Sus planes definitivos para la humanidad siempre se van a llevar a cabo. Depende de nosotros si aceptamos participar en esos planes o perdemos nuestro lugar en ellos.

Existimos, porque el deseo supremo de Dios es que estemos aquí. La mayoría de los seres humanos creen que existen para satisfacer sus propios deseos egoístas, pero en realidad, existimos para agradar y complacer a Dios. Dios no es egoísta, y Su amor incondicional busca el bien de toda la humanidad. Sus planes para nosotros son mejores que cualquier deseo personal que podamos tener.

USTED NO ES UN ACCIDENTE

Volvamos al pasaje en la Escritura que nos habla sobre la vida de Jeremías, el cual expresa fielmente el concepto del propósito y la predestinación, así como el rol profético que Jeremías cumpliría en la historia de Israel: *"Vino, pues, palabra de Jehová a mí, diciendo: Antes que te formase en el vientre te conocí, y antes que nacieses te santifiqué, te di por profeta a las naciones"* (Jeremías 1:4–5). La frase *"antes que te formase en el vientre te conocí"* revela que esto ocurrió en la eternidad, fuera del tiempo medible. Podemos ver que lo mismo sucedió en la vida de Jesús, quien fue enviado en una misión a la tierra, desde la eternidad. En Lucas 4:43, Jesús habla sobre un aspecto central de ese propósito eterno: *"Es necesario que también a otras ciudades anuncie el evangelio del reino de Dios; porque para esto he sido enviado"*. (Vea también Marcos 1:38).

Nadie viene a la tierra a menos que su propósito ya esté determinado en el cielo. Como establecí antes, usted no es un experimento ni un accidente; usted está en la tierra porque, en la mente de Dios, ya es un "producto terminado", con propósito y destino. Puede que ciertas personas le digan que es un inútil y que nunca tendrá éxito en la vida. La buena noticia es que, si usted está aquí, es porque Dios lo creó, lo formó, y le dio propósito. ¡Usted es importante para Su plan!

Nunca acepte las opiniones negativas que otras personas tengan sobre usted, porque nadie conoce mejor el producto terminado que Aquel que lo creó. Además, cuando usted camina en el propósito de Dios, puede estar seguro que todo en su vida está obrando para bien: "*Y sabemos que a los que aman a Dios, todas las cosas les ayudan a bien, esto es, a los que conforme a su propósito son llamados*" (Romanos 8:28). Dios sabe por qué y para qué lo creó a usted. Si lo busca de corazón, Él le revelará el propósito de su vida, y podrá empezarlo a vivir.

Con relación a esto, no permita que las circunstancias humanas de su nacimiento lo definan. Puede que usted haya nacido fuera del matrimonio, o del vientre de una prostituta; incluso pudo haber sido concebido contra la voluntad de su madre a causa de una violación, ya que debido a que la humanidad se rebeló contra Dios, vivimos en un mundo pervertido. Dios es consciente de las circunstancias bajo las cuales cada uno de nosotros fue concebido. Y aún sabiéndolo previamente, a todos nos creó con un propósito; un *propósito bueno*.

Dios lo creó en la eternidad y le dio un destino divino. Esto puede explicar el curso de ciertos eventos en su vida. Quizá casi muere en el vientre de su madre, pero vivió, contra todo pronóstico. Tal vez le diagnosticaron una enfermedad terminal, pero sobrevivió. Puede que haya sido abusado, rechazado, y maltratado, pero lo superó. Usted tiene que darse cuenta que el adversario de Dios, el diablo, siempre persigue a quienes pueden arruinar sus planes malignos. Sin embargo, usted está vivo ahora porque tiene un gran propósito, y Dios pelea a su favor.

Así que, eternamente hablando, usted no es el producto de un invento humano. Usted fue concebido gracias a una idea creativa de Dios. No importa cuál sea su trasfondo, lo que debe hacer ahora es empezar a caminar por la vida, con la seguridad de que, si Dios comenzó la obra en usted, Él también la terminará. (Vea Filipenses 1:6). Si no entiende estas verdades, tampoco podrá conocer, y mucho menos cumplir su propósito.

EL POTENCIAL DE LA SEMILLA

Casi todo en la creación comienza en forma de semilla, y cada semilla representa un ser u organismo, potencialmente maduro, que puede dar fruto. Aún más, cada fruto que se produce carga sus propias semillas; de forma que la semilla original se multiplica exponencialmente. Aunque es un proceso natural en la creación, muchos hombres y mujeres terminan sus días sin dar fruto ni multiplicar su "semilla".

Al igual que la semilla, para poder dar vida, primero debemos morir a nosotros mismos antes de que podamos volver a nacer y multiplicarnos. Jesús dijo, *"De cierto, de cierto os digo, que si el grano de trigo no cae en la tierra y muere, queda solo; pero si muere, lleva mucho fruto"* (Juan 12:24). Este proceso podemos verlo claramente en la vida de Jesús quien, después que murió y resucitó, y gracias a las enseñanzas y el testimonio de sus discípulos, tuvo más seguidores que todos los que tuvo mientras caminó sobre la tierra; asimismo, produjo más milagros que todos los que realizó mientras vivía. Su "semilla"

DIOS NUNCA COMIENZA ALGO EN EL TIEMPO SI ANTES NO LO HA TERMINADO EN LA ETERNIDAD.

pronto dio multitud de frutos, y las numerosas semillas de ese fruto se han esparcido por todo el mundo; y continúan multiplicándose hasta el día de hoy.

Algunas personas no producen fruto en sus vidas debido a que desconocen su potencial. Otros son egoístas; no están dispuestos a pasar por el proceso que les permite dar fruto, porque conlleva un costo. Incluso hay quienes experimentan el ataque del enemigo sobre su propósito, y no saben cómo hacerle frente. Los cementerios están llenos de restos de seres humanos talentosos que bajaron a la tumba llevándose la sabiduría que nunca compartieron, libros que nunca escribieron, canciones que nunca fueron cantadas, inventos que nunca crearon, adelantos médicos que nunca pasaron la fase de experimento y tecnología que nunca desarrollaron; todos quedaron en buenos propósitos y nunca vieron la luz del día.

Usted no fue creado solo para respirar, comer y pagar cuentas. Tampoco fue creado solo para ir a calentar una silla en la iglesia, ni para ser simplemente uno más del montón. ¡Usted fue creado para la grandeza! Así como las aves están diseñadas para volar por el cielo y los peces para nadar en las aguas, usted fue diseñado para vivir en una atmósfera particular: en la presencia de Dios. Usted no fue hecho para la mediocridad; usted fue hecho para el éxito. No permita que nada ni nadie nieguen su identidad única. Usted es un hijo de Dios, creado con un propósito divino. ¡Esa es una verdad que nadie le puede quitar!

LA FUERZA DIVINA DEL PROPÓSITO

Si bien el propósito de cada ser humano nace en el cielo, esencialmente se lleva a cabo en la tierra. Sin embargo, debido a que nuestro propósito se origina en Dios, éste es sobrenatural y tiene una fuerza divina que lo lleva a su cumplimiento. ¿Cómo podemos conocer el propósito de Dios para nosotros en la tierra? ¿Cómo podemos saber nuestro destino?

EL PROPÓSITO ES EL PUNTO DE PARTIDA DONDE VEMOS LA MANO DE DIOS DESPLEGANDO NUESTRO DESTINO.

Por revelación divina, la cual viene a nosotros cuando establecemos una relación de intimidad con Dios y con Su Palabra.

En los próximos capítulos, le mostraré cómo discernir y cumplir el propósito que Dios le ha dado. Pero antes de continuar, quisiera guiarlo en dos oraciones. La primera es recibir a Jesús en su corazón, porque nuestro primer propósito como seres humanos es amar y servir a Dios. (Vea, por ejemplo, Mateo 22:36–38). Por favor repita esta oración en voz alta:

Padre celestial, yo reconozco que soy un pecador y que mi pecado me separa de Ti. Creo que Jesús murió en la cruz por mí y que Dios Padre lo resucitó de entre los muertos. Hoy, me arrepiento de todos mis pecados y, voluntariamente, confieso a Jesús como mi Señor y Salvador. Renuncio a toda mentalidad que sea contraria a Tu palabra, así como a todo aquello que esté de acuerdo con el diablo y con los deseos de mi naturaleza pecaminosa. Hoy hago un pacto nuevo contigo Jesús para amarte y servirte todos los días de mi vida. Señor, Te pido que entres a mi corazón y cambies mi vida. Si en este día yo muriera, al abrir mis ojos sé que estaré en Tus brazos. ¡Amén!

Ahora, repita la siguiente oración con todo su corazón, para que su propósito pueda ser revelado:

Padre celestial, hoy vengo ante Tu presencia, reconociendo que no sé cuál es el propósito para el que Tú me creaste. Reconozco que me ha costado mucho someterme al proceso de morir a mí mismo para poder cumplir mi destino en Ti. Hoy me rindo en fe, sabiendo que Tus planes para mí son mejores que cualquier deseo egoísta que yo pueda tener. Te pido que el Espíritu Santo me revele Tu propósito para mi vida, y que me des la habilidad para soltar todo aquello que no me conviene o que no me edifica. Ahora, yo declaro que seré entrenado y procesado por Ti, y que alcanzaré mi propósito en la vida. Dame Tu gracia, Tu discernimiento y Tu poder, para hacer grandes cosas en mi generación. En el nombre de Jesús. ¡Amén!

TESTIMONIOS DE HABER ENCONTRADO Y CUMPLIDO UN PROPÓSITO

NO HAY MAYOR GOZO QUE VIVIR EN LA VOLUNTAD DE DIOS

John Laffitte podría haberse convertido en un importante ingeniero de la NASA, haber ido al espacio, y ser conocido mundialmente; sin embargo, en lugar de eso, él eligió cumplir el propósito de Dios para su vida. Por casi una década, él ha ayudado a miles de personas a transformar sus vidas, enseñando la Palabra de Dios con revelación y demostrando la sobrenaturalidad de Dios.

A medida que crecía, yo entendí que cada persona tiene un propósito, pero no podía probarlo. No sabía cómo encontrarlo ni conocía a nadie que pudiera enseñármelo. La única guía que tenía eran mis padres, y ellos siempre me inculcaron que debía hacer algo que fuera para el bien de la humanidad. En la escuela me di cuenta de que era un buen estudiante y me resultaba fácil lograr buenas calificaciones. Continuamente me desafiaba a mí mismo en cursos cada vez más difíciles. Era un pensador lógico, pero era demasiado tímido para hablar frente a la gente.

Decidí estudiar ingeniería aeroespacial y convertirme en astronauta; me gradué en MIT y en la Universidad de Michigan. Sin embargo, mientras continuaba mis estudios, tuve un encuentro sobrenatural con Dios. El

UNA PERSONA QUE NO ESTÁ CAMINANDO EN SU PROPÓSITO, SIEMPRE SE SENTIRÁ FUERA DE LUGAR O ACTUARÁ DE UNA MANERA INOPORTUNA.

Señor puso en mí profunda hambre por Su Palabra, y la estudié de continuo por tres años. En ese entonces no sabía que Dios me estaba preparando para mi propósito. Asistía a una iglesia, y un día me profetizaron que tenía un llamado para enseñar la Palabra de Dios. Pero mientras escuchaba eso, todavía tenía mis propios planes.

Después de graduarme, volví a Miami y empecé a asistir al Ministerio El Rey Jesús. Cuando el Apóstol Maldonado me conoció, percibió del Espíritu que yo tenía un llamado a enseñar la Palabra de Dios. Se me abrieron muchas puertas y oportunidades para enseñar la Palabra.

En ese tiempo yo tenía un excelente trabajo en ingeniería y buenas oportunidades en mi carrera. Había enviado una solicitud para ser aceptado en el programa de astronautas de la NASA, y estaba bastante avanzado en el proceso de selección, cuando de repente, Dios me confirmó Su voluntad personalmente, diciéndome que debía detener esos esfuerzos y dedicarme a cumplir Su propósito.

En el Ministerio El Rey Jesús, comencé a servir como intérprete voluntario y tuve la oportunidad de estar cerca de muchos hombres y mujeres de Dios. Muchos de ellos profetizaron acerca de mi llamado ministerial. Un día, en mi trabajo, mi supervisor me llamó a su oficina para decirme que querían promoverme a vicepresidente y que tendría un aumento salarial. Al mismo tiempo, el Apóstol Maldonado me pidió que fuera a trabajar a tiempo completo con él en el ministerio. Era el momento de tomar una decisión: ¿Sigo mis propios planes o los de Dios? En ese proceso, aprendí que Dios nos lleva a un lugar donde tenemos que elegir entre hacer Su voluntad o la nuestra.

TODO EN LA TIERRA DEBE PASAR POR UN PROCESO DE DESARROLLO NATURAL EN LA DIMENSIÓN DEL TIEMPO.

Rechacé la promoción, dejé mi trabajo, y me fui a trabajar al Ministerio El Rey Jesús. Allí, me pusieron a cargo del Instituto Sobrenatural de Liderazgo y, luego, de la Universidad del Ministerio Sobrenatural (USM). Con el paso de los años, he visto a Dios moverse de muchas maneras poderosas; y hoy, vemos personas alrededor del mundo moviéndose en Su poder sobrenatural, gracias al entrenamiento que proveemos a través del instituto y la universidad. Por ejemplo, no hace mucho, un grupo de estudiantes de USM de nuestra sede en Bolivia salió a evangelizar a las calles, demostrando milagros, señales y maravillas. Una joven oró por un hombre que estaba en una silla de ruedas en medio de la plaza. Para sorpresa de todos, el hombre se levantó de la silla, y empezó a correr y a saltar. Este hombre era muy conocido en esa parte de la ciudad. Muchas personas, incluyendo a la policía, se reunieron en la plaza por causa de la noticia. Después de ver ese milagro, otras veinte personas aceptaron a Jesús como su Señor y Salvador.

También hemos visto a Dios moverse en Chiapas, México, gracias a la sede que tenemos en Centroamérica. Después de tomar un curso sobre la oración y ser activados para orar por los enfermos, algunos de los estudiantes visitaron el hospital y oraron por un hombre que había estado en coma por quince días. Los médicos no le daban esperanza de recuperación. Sin embargo, cuando los estudiantes oraron por este hombre, el poder de Dios lo levantó de ese coma. Poco después, lo sacaron de cuidados intensivos y ahora está recuperándose. Si no hubiese dejado mi carrera científica para dedicarme al ministerio, no estaría viendo las maravillas que Dios puede hacer a través de alguien que cumple Su propósito. Ya llevo nueve años sirviendo a Dios a tiempo completo, pero a mí me parece que hubiera comenzado ayer.

Ahora entiendo por qué Dios me hizo como soy. Ser tan estudioso y lógico me ha ayudado a convertirme en un buen maestro de la Palabra de Dios. Sobrenaturalmente Él removió de mí todo miedo a hablar en público. Ahora, puedo enseñar o predicar frente a miles de personas, y hacerlo con denuedo. Puedo ver la mano y la bendición de Dios en mi vida y en mi familia. También estoy viendo la provisión sobrenatural de Dios, porque mi hija recibió una beca completa para estudiar en la Universidad de Yale. No hay mayor gozo que vivir en el propósito de Dios para nuestra vida. Hoy, sé que he entrado en mi propósito, y dedico mi vida a ayudar a otros, para que ellos también entren en el suyo.

EL PROCESO POR EL QUE PASAMOS ESTÁ DIRECTAMENTE CONECTADO A NUESTRO PROPÓSITO FINAL.

LLAMADO A SER UN "MÉDICO SOBRENATURAL"

Cuando Andrew Staiger ingresó a la escuela de medicina, estaba lleno de dudas sobre si sería exitoso en el campo que había elegido. Sin embargo, él creyó en su propósito y perseveró. Hoy en día, es uno de los mejores cirujanos ortopédicos del mundo. Pero él se refiere a sí mismo como un "médico sobrenatural", un hombre usado por el Señor para reconstruir las manos de las personas, así como para traer sanidad divina por medio de la oración.

Convertirme en cirujano fue una lucha intensa para mí. Fui a varias universidades hasta que terminé mi residencia en la Universidad del Sur de Illinois, en Springfield, Illinois, lo cual me tomó cinco años más. Sentía que debía dedicarme a la cirugía ortopédica, pero sabía que era una de las especialidades más competitivas que un estudiante puede elegir. Muchas veces, cuestioné a Dios por guiarme a ese campo en particular, y cuando otros estudiantes dieron a conocer su deseo de dedicarse a la misma especialidad, quise hacer un cambio; pero sentí que Dios no quería que me cambiara. Así que continué y, por la gracia de Dios, fui aceptado en un programa en la Facultad de Medicina de la Universidad de Minnesota. Aunque esta escuela no era mi primera opción, resultó ser el mejor programa para mí. Me fue muy bien, y como resultado, Dios me permitió convertirme en cirujano.

Durante mi residencia, encontré oposición. Me sentía perseguido por ser cristiano. Sin embargo, ahora que miro hacia atrás en el tiempo, me doy cuenta de que éste fue un proceso en el que Dios me estaba enseñando a interactuar con mis colegas, a perdonar y caminar sin amargura. A través de ese proceso, Dios siguió formándome para ser el cirujano que hoy soy. Él me ha permitido sanar a las personas usando recursos médicos naturales. He sido bendecido al ser considerado uno de los mejores cirujanos, si no el mejor, en mi especialidad. Sin embargo, siento que esto no es solo para mi beneficio, sino para ayudar a las personas que el Señor me trae.

El problema más común que trata un cirujano de manos es el síndrome del túnel carpiano, una afección que puede ser muy dolorosa en la noche. Afecta el uso de las manos de las personas y el funcionamiento normal en diferentes áreas de la vida diaria. Aliviar quirúrgicamente la presión sobre el nervio puede transformar la vida de una persona, ya que permite que su mano vuelva a funcionar normalmente. Los pacientes se sienten muy agradecidos. Pero hay otros que vienen con lesiones graves que requieren corrección quirúrgica. Tienen artritis en sus manos y brazos y han sufrido mucho dolor, y yo sé que puedo ayudarlos. Aunque lo hago a través de un proceso de sanidad natural, esa sanidad aún proviene de Dios. De alguna manera, Dios siempre está trabajando a través de mí. Incluso lo he podido ver usándome de una manera sobrenatural.

Mi esposa y yo hemos tenido el privilegio de acompañar al apóstol Maldonado a Etiopía tres veces, durante los Encuentros Sobrenaturales, y he podido ser testigo de muchos milagros, señales y maravillas. El primer año, servimos básicamente filtrando los testimonios, pero pude ver un milagro asombroso en un hombre que había sufrido una lesión en el antebrazo. Sus tendones y nervios habían sido cortados, y había perdido gran parte del funcionamiento de su mano. Alguien oró por él, y Dios le devolvió el funcionamiento total a su mano. Para mí, como cirujano de manos, ¡eso fue realmente impresionante!

En el segundo viaje a Etiopía, mi esposa y yo pudimos orar por las personas. Lo que más me impactó fue ver a una anciana sentada en un banco en medio de la multitud. Le pedí a un intérprete que me la trajera. La trajeron en una silla de ruedas y yo pregunté si podía orar por ella. Ella dijo que tenía un fuerte dolor en una pierna que le dificultaba mucho ponerse de pie. Entonces, oré por ella a través del intérprete. Pude discernir que una lesión en su columna estaba causando la compresión de un nervio. Oré y le pedí a Dios que liberara ese nervio, ¡y Él lo hizo! La mujer se levantó de la silla de ruedas y comenzó a caminar y luego a danzar, alabando a Dios con gran alegría en su rostro. He visto el poder sobrenatural de Dios moverse de una manera sorprendente en esos encuentros. Creo que Dios hizo ese día, por lo menos setenta milagros de sanidades y liberaciones a través de nosotros.

Debido a mi hambre por lo sobrenatural, siempre he estado abierto a poner a un lado mi habilidad natural y dejar que Dios haga el trabajo. Ahora, Él nos ha permitido abrir una Casa de Paz[2] en nuestra área. Hemos visto a personas con cáncer en etapa 4 ser sanadas por Dios después de orar por ellas. Creo que cuando ocurre una sanidad en lo natural, es porque, en lo sobrenatural, el área afectada ya está sana. Cuando traemos a Dios a ese proceso, todo se acelera y se vuelve más efectivo, por lo que esto se ha convertido en parte de mi práctica médica.

Todavía trabajo con medios naturales, pero el poder sobrenatural de Dios se manifiesta en cada ocasión. Veo que mis pacientes se sanan más rápido y sufren menos dolor postoperatorio. Dios me está ayudando a cambiar la atmósfera en la que vivo, para que las personas puedan ser transformadas. Así que, realmente puedo decir que soy un "médico sobrenatural". Es lo que Dios me ha llamado a ser, ése es mi propósito y ésa es el área en la que Él me ha puesto. Estoy muy agradecido que Dios me haya conectado con el apóstol Maldonado, un general de los últimos tiempos, para ser usado por Él de esta manera. Es una verdadera bendición.

---

2. Una Casa de Paz se refiere al hogar de un miembro del Ministerio Internacional El Rey Jesús que abre sus puertas para recibir vecinos, parientes y amigos, con el propósito de compartir el evangelio del reino: enseñar la Palabra de Dios e impartir Su poder. La misma unción, poder sobrenatural, y la presencia de Dios que se encuentran en la iglesia principal del Ministerio El Rey Jesús se manifiestan allí.

PROCESADOS PARA
UN PROPÓSITO ÚNICO

LOS ASPECTOS DE NUESTRO PROPÓSITO SE REVELARÁN MIENTRAS ESPERAMOS EL TIEMPO TERRENAL DETERMINADO POR DIOS PARA SU CUMPLIMIENTO.

2

PROCESADOS PARA UN PROPÓSITO ÚNICO

En la dimensión espiritual, nada está en proceso de ser creado y nada será creado en el "futuro". Todo existe, está totalmente desarrollado, maduro, completo, listo o formado. Además, en el ámbito espiritual todo es instantáneo, ocurre en un eterno presente. Por el contrario, en la dimensión natural, somos gobernados por el tiempo. Por eso, después de ser creados en el cielo, todo lo que es formado en la tierra en cumplimiento del plan de Dios requiere un proceso. Esto incluye nuestra vida y nuestro propósito.

Necesitamos pasar por un proceso —generalmente una serie de procesos— para que nuestro propósito alcance madurez o plenitud. Los aspectos de nuestro propósito se revelarán mientras esperamos el tiempo terrenal determinado por Dios para su cumplimiento. En el Espíritu cargamos algo poderoso de Dios, pero debemos estar listos a pasar por Su proceso, para que lo que ya ha sido creado en el ámbito espiritual pueda manifestarse en el natural. Tenemos que ser entrenados para alcanzar el propósito para el cual fuimos creados.

ENTENDIENDO EL PROCESO

¿Qué, exactamente, involucra un proceso? El *Diccionario de la lengua española* define *proceso* como: la "acción de ir hacia delante" (progresar,

41

avanzar); un "conjunto de fases sucesivas de un fenómeno natural que conducen a un resultado en particular". También es una actividad o función natural o biológica continua; o una serie de acciones u operaciones que conducen a un fin. En otras palabras, el proceso es una serie continua de acciones, pasos, y cambios que nos llevan a un destino.

Pasamos ese proceso para ser formados. La *formación* se define como el "acto de dar forma a algo o de tomar forma; es desarrollar". La formación involucra un proceso que se sigue hasta que algo o alguien está completamente desarrollado, completado, terminado o entrenado. En lo natural, a medida que los niños crecen, suelen sentir dolor cuando sus huesos dan un estirón, porque involucra un cambio radical en sus cuerpos. Crecer en nuestro propósito demanda adaptarnos a nuevos niveles de madurez, intelecto y carácter. Sin duda, a menudo debemos pasar etapas dolorosas que conllevan tiempos de ajuste y adaptación, hasta que alcancemos el desarrollo y transformación que nuestro propósito requiere.

Puedo decir que esto sucede en mi propia vida. Para llegar a ser quien ahora soy, para tener lo que tengo y estar en pleno cumplimiento de mi propósito en la tierra, he tenido que pasar por varios procesos divinos. Algunos han tomado días, otros han requerido semanas o meses, y varios han tomado años. Muchos de esos procesos han sido dolorosos. Nada de lo que he alcanzado ha sido fácil, pero el Señor me ha dado la gracia para lograrlo. He pasado por pruebas, tribulaciones, persecuciones, acusaciones,

EN SU SABIDURÍA, DIOS NOS LLEVA A PASAR POR UN PROCESO A FIN DE QUE ALCANCEMOS MADUREZ Y CUMPLAMOS SU PROPÓSITO PARA NOSOTROS.

oposición, dolor, ofensas, tentaciones, heridas, traiciones y sacrificios, pero en todo he visto la fidelidad de mi Señor Jesucristo. El fruto de estos procesos ha sido el desarrollo de mi propósito. Someterme a los procesos de Dios me ha convertido en un hombre que ha muerto a sí mismo y está completamente dedicado a cumplir Su voluntad en la tierra. He rendido mi vida al Padre, declarando, como Jesús lo hizo, *"No se haga mi voluntad, sino la Tuya"* (Lucas 22:42). Hoy, puedo decir que camino en la totalidad de mi propósito. *"No [dando] a nadie ninguna ocasión de tropiezo, para que nuestro ministerio no sea vituperado; antes bien, nos recomendamos en todo como ministros de Dios, en mucha paciencia, en tribulaciones, en necesidades, en angustias"* (2 Corintios 6:3–4).

LA LEY DEL PROCESO

Así como en el mundo natural hay leyes universales, tales como la ley de la gravedad o las leyes del movimiento, en el mundo espiritual también las hay. Las leyes universales no pueden evitarse, anularse o cambiarse. La ley del proceso es una de ellas. No es opcional, sino una ley a la que todo propósito del cielo está sujeto. Es el medio por el cual algo o alguien es formado o hecho, de modo que pueda llegar a su destino

Como mencioné anteriormente, la ley del proceso rige solo en el ámbito natural porque en el cielo ya todo está terminado. Su propósito ya ha sido establecido. Sin embargo, ahora que usted está en la tierra, necesita pasar por un proceso a fin de ser preparado para el cumplimiento de su propósito. Hay una enorme distancia entre la creación y la formación.

En el ámbito natural, pasamos a través de varios procesos que conducen al desarrollo pleno de nuestro potencial como seres humanos. En cuanto a nuestro desarrollo físico, comenzamos siendo bebés, crecemos hasta ser niños, pasamos por la pubertad, nos convertimos en jóvenes adultos, hasta que alcanzamos la madurez de la adultez total. Un proceso similar ocurre en nuestro desarrollo espiritual. Seguimos un proceso de crecimiento hasta que alcanzamos la madurez necesaria que nos permitirá completar nuestro propósito.

Si no pasamos por este proceso, no podremos entrar en nuestro destino. Muchas personas saben en teoría que fueron creadas para un propósito grande, pero nadie les ha enseñado cómo lograrlo, ni qué hacer con él. Otros entienden la idea del proceso, pero no están dispuestos a someterse a éste, por lo que terminan desperdiciando su potencial.

Como podrá suponer, yo no comencé siendo un apóstol. Cuando recibí a Jesús en mi corazón y lo acepté como Señor y Salvador de mi vida, quería hacer lo que fuera necesario con tal de servirlo. Así que empecé limpiando los baños de la iglesia donde me congregaba en ese tiempo. Ministraba a los jóvenes, evangelizaba, era traductor (inglés-español), y chofer. Ayudaba en todo lo que podía. Después de muchos años comencé a viajar como evangelista a varias ciudades y países, pero no empecé predicando en grandes estadios. Comencé yendo a pequeñas iglesias en lugares remotos de Latinoamérica.

Años después, mi esposa y yo sentimos el llamado a comenzar un ministerio en la ciudad de Miami. No comenzamos en la iglesia grande y bonita con capacidad para miles de personas en la cual hoy ministramos. ¡No! Comenzamos en nuestra casa con una congregación de doce personas, a quienes les predicamos el evangelio del Reino. A medida que el número de asistentes creció nos mudamos a un pequeño local, donde trabajamos duro formando líderes y siendo entrenados nosotros mismos. Pasamos por todo el proceso de crecimiento que Dios nos demandó. Solo así pudimos recibir de Él los ministerios que hoy administramos. Nos sometimos al proceso de hacer las cosas a la manera de Dios, con el fin de ser formados para cumplir nuestro propósito en Su reino. Durante ese tiempo aprendí que una persona puede tener un gran potencial, de acuerdo con el mundo —un gran propósito y llamado, carisma personal, e incluso muchos dones espirituales—, pero si no pasa por un proceso que moldee su carácter, sus dones, su paciencia y fortaleza, no podrá cumplir su propósito.

A estas alturas usted probablemente se estará preguntando, "¿Qué me va a pasar durante este proceso divino?" "¿Por qué tiene que ser doloroso?" "¿Cuál será el resultado del proceso?" En este capítulo, nos enfocaremos en dos facetas principales del proceso: la transformación de nuestro espíritu, alma, y cuerpo; y el desarrollo de nuestro carácter.

EL PROCESO CONDUCE A LA TRANSFORMACIÓN

LA TRANSFORMACIÓN OCURRE EN NUESTRO SER TOTAL

Nuestro espíritu humano, muerto a causa del pecado, cobra vida cuando recibimos a Cristo como nuestro Salvador, y el Espíritu Santo de Dios viene a vivir dentro de nosotros. Entonces, en el proceso de transformación, Dios empieza a sanar nuestro cuerpo físico y alma —nuestra mente, voluntad y emociones—. Él quiere que tengamos un cuerpo sano, libre de toda enfermedad y cualquier otro elemento que no sea saludable, incluyendo espíritus demoniacos enfermedad y muerte. La parte que nos corresponde, en esta transformación física, es tomar decisiones positivas y prácticas, comer alimentos saludables, hacer ejercicios responsablemente, y asegurarnos de descansar lo suficiente.

Dios también quiere que tengamos una mente saludable. Esto incluye transformar nuestros pensamientos y protegernos para no desarrollar condiciones mentales, como perder la capacidad de razonamiento o la memoria. Nosotros cooperamos en el proceso de transformación de nuestra mente, leyendo, estudiando, meditando y memorizando la Palabra de Dios:

> *Así que, hermanos, os ruego por las misericordias de Dios, que presentéis vuestros cuerpos en sacrificio vivo, santo, agradable a Dios, que es vuestro culto racional. No os conforméis a este siglo, sino transformaos por medio de la renovación de vuestro entendimiento, para que comprobéis cuál sea la buena voluntad de Dios, agradable y perfecta.* (Romanos 12:1–2)

Adicionalmente, Dios desea que vivamos en un estado emocional saludable. A medida que pasamos por Sus procesos divinos, Él hace posible que nuestras emociones sean transformadas, especialmente mientras vamos aprendiendo a recibir el amor de Dios para nosotros y a perdonar a otros. Incluso la depresión y los desórdenes de la personalidad pueden ser sanados. Esto ocurre porque el Espíritu Santo empieza a sanarnos de adentro hacia afuera.

LA TRANSFORMACIÓN ES CONTINUA Y PROGRESIVA

La palabra griega que en el versículo de arriba se traduce como *"transformaos"* es *metamorphoo*, que significa "cambiar a otra forma". Es el mismo término usado para describir a Jesús en Su transfiguración, donde esa palabra se traduce como *"transfigurado"*.

(Vea Mateo 17:1–2). Nuestra transformación a la imagen de Cristo es un proceso continuo y progresivo que nos lleva *de gloria en gloria*: *"Por tanto, nosotros todos, mirando a cara descubierta como en un espejo la gloria del Señor, somos transformados de gloria en gloria en la misma imagen, como por el Espíritu del Señor"* (2 Corintios 3:18). El propósito principal del proceso es alcanzar una transformación total en nuestras vidas. Por esa razón, romper la ley del proceso puede ser letal para nuestro llamado.

LA TRANSFORMACIÓN TIENE DISTINTOS PROPÓSITOS

¿Qué podemos esperar de este proceso de transformación? Estos son algunos de sus propósitos divinos.

1. La transformación cambia nuestro corazón. El corazón es el hombre interior o el lugar de descanso de la presencia de Dios. A medida que pasamos el proceso de cambio, debemos recordar que toda transformación a la imagen y semejanza de Cristo se origina en el corazón, no en la mente, aunque la mente también es renovada. No podemos ser verdaderamente cambiados aplicando simplemente nuestra comprensión o entendimiento mental de principios sólidos. Primero debemos ser transformados en nuestro espíritu. El inicio de la transformación ocurre cuando nacemos de nuevo. Jesús le enseño esta verdad a un fariseo llamado Nicodemo: *"Respondió Jesús y le dijo: De cierto, de cierto te digo, que el que no naciere de nuevo, no puede ver el reino de Dios"* (Juan 3:3). Todo lo que Dios hace en nuestras vidas comienza en el corazón.

Cuando nuestro espíritu es renovado en Cristo, podemos someternos a los cambios en nuestra mente y nuestras emociones, tal como lo mencionamos arriba. Por ejemplo, una vez, estaba ministrando en nuestra iglesia cuando el Espíritu de Dios me guió a llamar a las personas que estaban enfermas para orar por ellas. Pero, antes de empezar a orar, el Espíritu me mostró que muchas tenían falta de perdón en su corazón.

Cuando las guiamos a perdonar, más de doscientas personas fueron sanadas.

2. La transformación nos lleva a conocer a Dios como nuestra total realidad. Nuestra transformación por el Espíritu Santo nos hace conscientes de la realidad de Dios y nos permite recibir la revelación de la mente del Padre. El enemigo quiere que ignoremos la realidad del mundo espiritual, para que no entendamos sus planes engañosos y así destruirnos, y destruir a otros. La Biblia advierte, *"Mi pueblo fue destruido, porque le faltó conocimiento"* (Oseas 4:6). Por el contrario, si permitimos que el Espíritu Santo nos guíe y transforme, podremos ver a Dios en todo Su esplendor en cada área de nuestra vida y derrotaremos los esquemas del enemigo.

3. La transformación nos lleva a demostrar el poder, dominio y autoridad de Dios. El proceso divino nos permite experimentar a Dios en el ahora y manifestar Su vida y poder en nuestro entorno. Cuanto más avanza la transformación de nuestro cuerpo, mente, voluntad y emociones, más podemos demostrar el poder de Dios y tomar dominio sobre la creación, expandiendo el reino de Dios con la autoridad que Jesús conquistó en la cruz.

4. La transformación nos permite convertirnos en portadores de la gloria de Dios. La transformación también trae la presencia de Dios y nos hace portadores de Su gloria. Donde quiera que la presencia de Dios esté, allí el cielo invade a la tierra, el tiempo se detiene y Dios hace lo que al hombre le resulta imposible. Usted puede convertirse en un portador de la gloria de Dios, siempre y cuando se deje transformar por el Espíritu Santo.

5. *La transformación hace que la vieja naturaleza muera.* Cada vez que permitimos que el Espíritu Santo traiga cambio y sanidad a nuestra mente y emociones, más del poder de la vieja naturaleza pecaminosa que está en nosotros muere. Al mismo tiempo, la naturaleza santa de Jesús crece en nosotros hasta que somos transformados a Su semejanza.

Así que, hermanos, deudores somos, no a la carne, para que vivamos conforme a la carne; porque si vivís conforme a la carne, moriréis; mas si por el Espíritu hacéis morir las obras de la carne, viviréis. Porque todos los que son guiados por el Espíritu de Dios, éstos son hijos de Dios. (Romanos 8:12–14)

EL PROCESO FORMA EL CARÁCTER DE CRISTO EN NOSOTROS

A medida que nos parecemos más a Cristo, nuestra transformación da lugar al desarrollo de nuestro carácter personal. El mundo está lleno de buenas personas, pero pasar por procesos divinos marca la diferencia entre un buen hombre y un hombre de Dios; entre una buena mujer y una mujer de Dios. Lo que distingue a un verdadero hombre o mujer de Dios es la calidad de su carácter. Y tener un carácter maduro es una condición fundamental para cumplir nuestro propósito eterno en la tierra.

¿QUÉ ES EL CARÁCTER?

El carácter, en sí mismo, es el conjunto de cualidades propias de una persona, que la distinguen de las demás y rigen sus palabras y acciones. Es lo que verdaderamente somos por dentro; lo que sale a la superficie cuando estamos bajo presión. Si hay amargura por dentro, entonces saldrá amargura; si hay celos por dentro, saldrán celos. Por eso es importante que nos sometamos a las presiones que vienen de Dios porque forman parte de Su proceso. Solo entonces veremos a qué etapa de nuestra formación hemos llegado. Sabremos de qué manera hemos madurado y qué otras cualidades aún necesitamos para permitir que Dios se forme en nosotros.

La Biblia les llama a esas presiones que vienen de Dios "pruebas" o "tribulaciones". En su carta a los Romanos, Pablo se refiere a la manera primordial como se desarrolla el carácter del verdadero cristiano cuando escribe, "*...nos gloriamos en las tribulaciones, sabiendo que la tribulación produce paciencia; y la paciencia, prueba; y la prueba, esperanza; y la esperanza no avergüenza; porque el amor de Dios ha sido derramado en nuestros corazones por el Espíritu Santo que nos fue dado*" (Romanos 5:3–5).

SIGUIENDO EL EJEMPLO DE CRISTO

Pablo también le escribió esto a los creyentes radicados en la provincia romana de Galacia, en Asia Menor: "*Hijitos míos, por quienes vuelvo a sufrir dolores de parto, hasta que Cristo sea **formado** en vosotros...*" (Gálatas 4:19). ¿Qué está diciendo el apóstol? Que el carácter que necesitamos para cumplir nuestro propósito debe parecerse al de Cristo. Que debemos ser procesados hasta que pensemos, actuemos, respondamos, reaccionemos y vivamos de la misma manera que lo haría Cristo. Esto no podemos lograrlo en nuestras propias fuerzas o sabiduría humana, porque requiere una transformación sobrenatural que solo el Espíritu de Dios nos puede dar.

Jesús mismo no comenzó a cumplir su propósito y a desarrollar su ministerio hasta que Su carácter fue formado, después de pasar por el proceso de crecimiento desde la niñez hasta la adultez:

Y el niño crecía y se fortalecía, y se llenaba de sabiduría; y la gracia de Dios era sobre Él. [...] Y Jesús crecía en sabiduría y en estatura, y en gracia para con Dios y los hombres. (Lucas 2:40, 52)

Si bien Jesús es el Hijo de Dios, y completamente Dios en Sí mismo, mientras vivió en la tierra como hombre, Él no se abstuvo de pasar por los procesos que lo condujeron a la madurez. Durante ese tiempo, Él estaba siendo formado por nuestro Padre celestial para cumplir el propósito específico para el cual Él lo había enviado a la tierra. Si el carácter del Hijo de Dios necesitaba ser formado, ¿qué nos hace pensar que nosotros podemos evitar ese proceso y aun así alcanzar nuestro propósito?

En la cultura hebrea, un hombre alcanzaba su total madurez alrededor de los treinta años. No es casualidad que Jesús haya comenzado Su ministerio a esa misma edad. Después de treinta años de formación, Él estaba preparado para los eventos cruciales de su vida: ser bautizado en el Jordán como un acto de rendición total a la voluntad del Padre; resistir las tentaciones de Satanás en el desierto; experimentar la transfiguración en la gloria de Dios en la montaña; entrar victorioso por las calles de Jerusalén en lo que ahora llamamos domingo de Ramos, resistir la presión de Su última noche en el jardín de Getsemaní, donde de nuevo se sometió totalmente a la voluntad del Padre; salir al encuentro de Su traidor y ser arrestado; soportar el peso del madero en la vía hacia el Calvario; y entregar Su vida por la humanidad en esa cruz. Todo esto lo hizo en pleno cumplimiento de la voluntad del Padre.

Además, el propósito principal del proceso de Dios en nuestras vidas es formarnos progresivamente a la imagen y semejanza de Cristo. *"Porque a los que [Dios] antes conoció, también los predestinó para que*

DESPUÉS DE UN PROCESO DE MADUREZ QUE DURÓ TREINTA AÑOS, JESÚS ESTABA LISTO PARA CUMPLIR SU PROPÓSITO DE TRAER EL REINO DE DIOS A LA TIERRA Y MORIR EN LA CRUZ PARA REDIMIR A LA HUMANIDAD.

fuesen **hechos conformes** *a la imagen de su Hijo, para que él sea el primogénito entre muchos hermanos*" (Romanos 8:29). Ser "*hechos conformes*" es una manera diferente de decir que el carácter de Cristo debe ser formado en cada uno de nosotros, tal como lo fue en Jesús. Para verdaderamente entender y cumplir nuestro propósito, debemos pasar el mismo proceso de madurez que Él pasó, y eso conlleva tiempo. El proceso es continuo. Sin tiempo ni continuidad, no podremos madurar en carácter.

Muchas personas con grandes dones y talentos tienen un carácter pobre porque no han permitido que su carácter sea formado por Dios. El carácter no se mide por la cantidad o grandeza de nuestros dones, sino por cómo reaccionamos y crecemos durante tiempos de gran presión o momentos de adversidad. Nacemos con dones. Nos son dados por la gracia de Dios, y no tenemos que hacer nada para recibirlos. Pero no nacemos con un carácter maduro, por eso tenemos que trabajar en él constantemente. Negarnos a aceptar la presión divina necesaria durante el proceso es equivalente a decirle a Dios que no queremos desarrollar nuestro carácter o alcanzar la madurez, y que tampoco tenemos la intención de cumplir Su propósito.

Hoy en día, muchas personas se niegan a pasar por el proceso de Dios porque el espíritu de este siglo es la inmediatez. No muchos están dispuestos a esperar y someterse a tiempos de crecimiento personal. En consecuencia, existe un gran déficit de carácter entre nuestros líderes, tanto en la iglesia como en el resto de la sociedad. Las personas quieren ganar posiciones de liderazgo tomando atajos que no son éticos o que no los preparan para resistir la presión o la tentación. Pocos están dispuestos a pasar por el proceso de entrenamiento para convertirse en líderes eficaces. Como resultado, tenemos políticos corruptos, maestros sin moral, jueces arbitrarios, ministros que no temen a Dios, y la lista continúa.

Si usted no ha sido procesado, está rechazando su propósito. Si el proceso que está pasando le molesta porque ve que el proceso de otra persona es diferente, y cree que el suyo debería ser más fácil, está ignorando y retrasando su destino. El proceso de una persona nunca será el mismo que el de otra, porque cada proceso está diseñado para formar el carácter de un individuo en particular, y el propósito de cada quien es único. ¡Deje de mirar los procesos de otras personas y concéntrese en los suyos!

Permítame enfatizar una vez más que rebelarse contra el proceso es ir contra Dios mismo y contra su propósito. Son rebeldes quienes buscan opciones para alcanzar su propósito sin pasar por el proceso necesario; quienes toman atajos y desvíos para tratar de alcanzar los beneficios sin tener que pagar el precio. Esta es una práctica muy peligrosa. Quienes alcanzan el éxito usando solo sus dones y carisma no podrán mantener el éxito. Su falta de madurez hará que pierdan —a veces, en un instante— aquello que les llevó años construir. Conozco muchos ministros que han tenido que pasar duras pruebas, enfrentar grandes fracasos y sufrir profundas humillaciones, por no haber formado su carácter antes de lanzarse al cumplimiento de su propósito.

Si usted me dice que es maduro y que ha sido formado como hombre o mujer de Dios, yo quiero saber cuál fue su proceso, porque no puede existir el uno sin el otro. Por eso, la Biblia establece que *"muchos son los llamados, más pocos los escogidos"* (Mateo 20:16). La realidad es que muchos son llamados a cumplir un propósito divino, pero no todos quieren someterse al proceso de madurez que el llamado demanda. Debemos estar dispuestos a pasar por un proceso doloroso, que conlleva tiempo, paciencia y muerte al yo.

Muchas personas temen no poder resistir bajo la presión ordenada por Dios, y se sienten tentadas a abandonar el proceso para no exponerse al fracaso. En momentos como esos debemos recordar que nuestro Padre celestial está trabajando en nuestra vida y está formando nuestro carácter para la grandeza. Debemos resistir la tentación de huir y, al contrario, permitir que Él nos moldee. Durante el proceso, le animo a buscar el apoyo de otros creyentes fuertes, mantener su vida de oración y seguir leyendo la Palabra para mantenerse cerca de Dios y de Su voluntad.

Recuerde, también, que usted no es el único quien ha pasado por ese proceso. En la Biblia, observamos que, uno tras otro, todos aquellos elegidos por Dios para Sus propósitos tuvieron que pasar largos procesos antes de llegar a su destino. Por ejemplo, Moisés pasó un proceso de cuarenta años antes de convertirse en el libertador del pueblo judío; José fue procesado trece años en Egipto antes de convertirse en el primer ministro de esa nación. David pasó un proceso de altibajos por treinta años, desde su infancia hasta su edad adulta, antes de convertirse en rey de Israel. Jesús se sometió a treinta años de preparación de su carácter antes de iniciar Su ministerio.

En el Ministerio El Rey Jesús, seguimos esta revelación tan clara de la ley del proceso. De hecho, la visión que Dios nos ha dado para discipular y entrenar nuevos creyentes coincide con el proceso que cada cristiano necesita atravesar para llegar al cumplimiento de su propósito. Los nuevos creyentes en nuestra iglesia comienzan siendo bautizados en agua y recibiendo

LOS DONES SON DADOS POR GRACIA, PERO EL CARÁCTER SE FORMA BAJO PRESIÓN.

el bautismo en el Espíritu Santo. Continúan el proceso siendo enseñados en la Escuela para Nuevos Creyentes, donde reciben la leche de la palabra de Dios para comenzar a caminar en su nueva fe. Luego, pasan a integrarse a una Casa de Paz, donde son ministrados, liberados de cualquier opresión demoniaca, y donde reciben instrucción bíblica y práctica para la vida. Al mismo tiempo, se les asigna a un "discipulado", donde tienen relación personal con un creyente maduro, y comienzan a desarrollar su potencial en base a sus dones y llamados. Después, son entrenados para ser Líderes de Casa de Paz, y finalmente se convierten en mentores con su propio discipulado, donde guían a otros nuevos creyentes a comenzar un proceso similar al que ellos pasaron. Además, el Ministerio El Rey Jesús ha fundado el Instituto de Liderazgo Sobrenatural y la Universidad del Ministerio Sobrenatural, donde los creyentes son entrenados conforme a su llamado ministerial. Durante su formación, cada creyente pasa varios procesos personales, hasta llegar al destino que Dios trazó para sus vidas.

DIGA SÍ AL PROCESO DE DIOS

Hay una fuerte guerra espiritual por conquistar nuestros corazones: El Espíritu de Dios intercede por nosotros para mantenernos en Cristo (vea Romanos 8:26–27), mientras que el enemigo busca alejarnos de la verdad de Dios, para que no podamos ser transformados. Si le decimos sí a la verdad de Dios, seremos transformados *"de gloria en gloria"* para alcanzar nuestro glorioso destino en la tierra. Al contrario, si le decimos sí al engaño y a las mentiras del enemigo, nos conformaremos al mundo y dejaremos de ser relevantes para el Reino de Dios. Decirle sí a Dios, es aceptar el proceso por el cual morimos a nuestra vieja naturaleza para que Cristo sea formado en nosotros. Ese es el desafío que hoy Dios le pone por delante.

Si entiende la virtud de la ley del proceso y reconoce que lo puede llevar a cumplir su propósito divino, le invito a hacer la siguiente oración en voz alta. Permita que el Espíritu Santo le dé fortaleza y

CON LA LEY DEL PROCESO, NO EXISTEN LOS ATAJOS.

sabiduría para someterse a sus procesos personales de transformación.

Padre celestial, vengo ante Tu presencia, reconociendo que no he sabido cómo someterme a los procesos que Tú has puesto delante de mí para llevarme a la revelación y cumplimiento de mi propósito en la tierra. Hoy, me arrepiento de mi rebeldía, egoísmo, orgullo y mi mentalidad no renovada. Acepto Tus procesos a fin de ser transformado en espíritu, alma y cuerpo, de conformar mi carácter al de Cristo. Quiero ser portador de Tu gloria, y uno que puede demostrar Tu poder, dominio y autoridad. Quiero que Tú seas mi total realidad y deseo que mi corazón sea cambiado para alinearse con el Tuyo. Por favor dame Tu gracia para rendir mi voluntad completamente a Ti y creer que estarás conmigo durante todos los procesos a través de los cuales Tú me lleves.

¡Cristo en mí es la esperanza de gloria! Sé que Tus procesos me prepararán para cumplir mi propósito y así llegar al destino glorioso que tienes para mí. Quiero ser en la tierra lo que soy en el cielo. Transforma mi vida con Tu amor. En el nombre de Jesús. ¡Amén! (Vea Colosenses 1:27).

TESTIMONIO DE HABER ENCONTRADO Y CUMPLIDO UN PROPÓSITO

UN PROPÓSITO QUE LA LLEVÓ A LA CASA BLANCA

Paula Michelle White-Cain es una ministro de Dios y actualmente es consejera espiritual del presidente de los Estados Unidos de América, Donald J. Trump. El proceso que la fundadora de Paula White Ministries tuvo que vivir fue largo y difícil, pero ella lo pasó victoriosamente. Y Dios le abrió muchas puertas para que pudiera cumplir Su propósito en su vida.

En mi caminar con Cristo, he tenido muchas experiencias que me han llevado a depender solo de Él. Por años, nadie supo del dolor y las heridas de mi pasado, ni del abuso que sufrí en mi infancia, pues todo lo había mantenido oculto. Gracias a Dios, a los 18 años conocí a un caballero que me preguntó algo muy extraño: "¿Sabes quién eres, Paula? Eres más que una mente y un cuerpo. Tú eres una hija de Dios, un ser espiritual. Dios tiene un plan para tu vida". Él fue quien me presentó a Cristo y me enseñó que en mí había pecado que me separaba de Dios. Sentí que una gran fuerza me hablaba; era el llamado de un amor y una pureza inexplicables. Yo lloraba al darme cuenta lo perdida que estaba y cómo había vivido cargando una gran mochila llena de dolor sobre mis hombros. Quería ser libre. Nunca había oído acerca del nuevo nacimiento; tampoco entendía lo que significaba tener un despertar espiritual. Lo único que hice en ese momento fue creer. Había vivido 18 años ciega, y ahora podía ver.

Toda mi vida había deseado ser amada, cuidada y protegida; pertenecerle a alguien, pero nada de eso me había ocurrido. Sin embargo, Dios me dio todo. Comencé a pasar tiempo leyendo la Biblia y orando cada día. Empecé a descubrir las promesas de Dios para mí, a desarrollar mi fe y creer que Dios puede hacer todo lo que Su Palabra dice. Aprendí que Él nunca te deja en la condición que te causa dolor; Él sana cada herida. Él restaura, reaviva, refresca y renueva. Cierta noche, mientras oraba y adoraba, sentí que algo era arrancado de todo mi ser. Dios me liberó de muchas cosas. Un velo oscuro y pesado fue levantado de mí, y lo que me cegaba fue destrozado por la luz sanadora de Dios.

En cierto momento, leí un versículo que se volvió una guía para mi vida y selló mi existencia: "Y a Aquel que es poderoso para hacer todas las cosas mucho más abundantemente de lo que pedimos o entendemos, según el poder que actúa en nosotros". (Vea Efesios 3:20). Siempre sentí que Dios iba a hacer mucho más de lo que yo podía desear de Él; que lo que yo percibía como grandeza era pequeño comparado con lo inmenso que Él tenía destinado para mí.

Una noche, tuve una visitación divina que cambió mi vida. Me quedé dormida y, de repente, en una visión, fui puesta sobre casi todos los continentes del mundo, en países muy lejanos. Cada vez que hablaba ante un mar de gente, algo sobrenatural pasaba. Millones de hombres, mujeres y niños escuchaban, miraban a Dios y encontraban la misma vida que yo había recibido. Eran salvos por la palabra

LOS ÚNICOS QUE RESPONDEN AL PROCESO SON EL REMANENTE.

de Dios que salía de mi boca. Toda esa gente encontraba liberación, restauración, salvación, esperanza y sanidad por el Espíritu de Dios. Pero cuando dejaba de hablar, la multitud se acallaba y la luz brillante de esperanza se opacaba. Cuanto más tiempo permanecía en silencio, más la gente a mi alrededor se convertía en sombras y se hundía en la oscuridad. Yo tenía que hablar, alto y fuerte, con osadía y gran propósito. Mi corazón latía fuerte; estaba en la presencia de Dios, en un momento santo. ¡Dios quería que predicara! Al día siguiente fui a ver a mi pastor y le conté mi visión; explicándole que Dios me había llamado a predicar. Él me contestó: "¡Maravilloso! Nuestro encargado de mantenimiento se acaba de ir; puedes limpiar la iglesia".

Pasé seis meses en esa tarea, y otros seis meses en la guardería de niños. Después me asignaron enseñarles a los niños de cuatro años. Después de eso, dirigí el grupo de jóvenes. Como el grupo creció, me llamaron a ser parte del staff de la iglesia como Directora de Evangelismo. En ese tiempo conocí al que sería mi esposo. Nos casamos y nos mudamos a Tampa, Florida, donde mi esposo sentía que tenía que servir a Dios. Oramos, ayunamos, vendimos todo y nos fuimos.

En Tampa, dirigíamos un estudio bíblico y ministrábamos a un grupo de niños. Creamos un programa para niños en un barrio muy peligroso, donde la policía solo entraba con escolta. Tiempo después comenzamos nuestra propia iglesia con cinco personas. Con el tiempo llegó la temporada de salir al mundo por televisión; así nació Paula White Ministries. Dios abrió puertas sin precedentes y las oportunidades ministeriales explotaron. Teníamos una de las iglesias de más rápido crecimiento en la nación, con más de quince mil personas. Pero, mientras las cosas lucían muy bien por fuera, por dentro nuestra vida comenzó a desmoronarse. Enfrentamos una serie interminable de crisis que sacudieron nuestros cimientos y atravesé un doloroso divorcio.

Dejé la iglesia, pero continué ministrando a través de Paula White Ministries. Una de las ciudades más impactadas por mi ministerio fue Nueva York, donde terminé formando un estudio bíblico para los Yanquis de Nueva York. También pastoreé New Destiny Christian Center, en Florida. Mientras Paula White Ministries se fortalecía y se convertía en una voz al mundo, recibí una llamada de Donald Trump. Él me había visto en televisión y había sentido la unción de Dios sobre mi vida. Me invitó a conocer a su familia y a su staff.

La segunda vez que nos reunimos, el Señor me dijo: "Muéstrale quién soy". Allí, supe que era una asignación de Dios. De manera que, por muchos años, he sido consejera espiritual para el señor Trump, dirigiendo estudios bíblicos, orando y siendo una voz espiritual que él escucha. Varios años antes de postularse como presidente de los Estados Unidos, comenzó a pedirme que orara por eso. Cuando decidió lanzar su candidatura en el 2014, me llamó y me pidió que organizara una reunión con pastores y que me encargara de organizar a los evangélicos. Entendí que ésa era la voluntad de Dios. Trabajé arduamente con su equipo de campaña. Me consumí trabajando en esa asignación,

SOLO TENEMOS UN PROPÓSITO EN DIOS, PERO CADA VEZ QUE EMPEZAMOS UNA NUEVA TEMPORADA EN NUESTRAS VIDAS, INICIAMOS UN NUEVO PROCESO.

que ahora sé que Dios me había dado hace muchos años. Orar por el señor Trump es algo que he hecho desde el inicio de nuestra relación. Así lo planeó Dios; que yo entrara en esa relación sin tener idea de que él llegaría a ser presidente de mi nación.

Hoy, casi a diario recuerdo cuando recibí a Jesús como mi Señor y Salvador. Aunque, como al principio, no entiendo todo, de algún modo sé que, sin importar lo que suceda, mientras permanezca fiel a Su Palabra y obediente a Su llamado, Él no solo me va a sostener, sino también a bendecir y equipar para cumplir cada asignación que Él me da. Él nunca me ha olvidado. Él es quien sustenta mi alma y el que levanta mi cabeza.

ENTRANDO EN EL PROCESO

EL HAMBRE POR "MÁS" DE DIOS ES SEÑAL DE QUE ÉL NOS ESTÁ LLEVANDO A UNA NUEVA DIMENSIÓN.

3

ENTRANDO EN EL PROCESO

Sabemos que hay mucho más de Dios que aún no hemos experimentado. Sin embargo, necesitamos revelación de lo que significa recibir más de Él. Esto no se refiere a un espíritu mezquino de acumulación, codicia o acaparamiento. Más bien, este "espíritu del más" viene del Espíritu Santo, quien es una fuente inagotable y siempre tiene más de Dios para nosotros, no solo en riquezas materiales, sino también en paz, gozo, unidad familiar, salud, sueños, ideas, proyectos, y muchas otras bendiciones. Cuando no tenemos el "espíritu del más", la frustración viene a nuestras vidas y el "espíritu de escasez" termina ahogándonos; hasta que llega el día que nos hartamos y decidimos ser transformados a imagen y semejanza de Cristo.

Yo siempre estoy empujando para romper nuevas barreras de crecimiento, unción, oración, gloria, poder, transformación, revelación, conocimiento y aprendizaje. Siempre estoy abierto a recibir verdades frescas que el Espíritu Santo me quiera revelar. A diario tengo hambre, pasión y ansias por más de Dios; esa clase de hambre que le da alas al Espíritu para llevarnos a nuevos niveles en nuestro propósito en la tierra.

UN CAMINO NECESARIO

Como establecimos en el capítulo anterior, la ley del proceso no es una opción; es un camino necesario para todo aquel que quiere alcanzar su propósito y cumplir la voluntad de Dios para su vida. Dios conoce nuestro destino mucho antes de crearnos. Salmos 139:16 dice, *"Tus ojos vieron mi cuerpo en gestación: todo estaba ya escrito en Tu libro; todos mis días se estaban diseñando, aunque no existía uno solo de ellos"* (NVI). Por eso, debemos cederle la conducción de nuestra vida a Él. Dios usualmente no nos dice todo lo que tendremos que pasar para alcanzar nuestro destino; si lo hiciera, ¡probablemente renunciaríamos antes de empezar! Lo cierto es que el proceso siempre incluye un valle de sombra de muerte, donde sentimos que ya no saldremos más; que todo está terminado y pereceremos. Pero no es el fin. Es solo un tramo de ese camino necesario, y Dios está con nosotros a cada paso del camino. Por eso el salmista confiadamente añade, *"Aunque ande en valle de sombra de muerte, no temeré mal alguno, porque tú estarás conmigo; tu vara y tu cayado me infundirán aliento"* (Salmos 23:4). Quien no ha atravesado un valle de sombra de muerte, no ha sido procesado; por lo tanto, Dios no puede confiarle Su propósito ni llevarlo a su destino.

EL PROCESO NOS PURIFICA

Para recibir más de Dios y entrar en nuestro propósito, debemos permitir que Él nos purifique a medida que somos procesados. Sin esta purificación, nuestro carácter tendrá una mezcla de piedad e impiedad. Una ilustración de esta mezcla nos la ofrece el Antiguo Testamento cuando habla del *"fuego extraño"* que los hijos de Aarón le ofrecieron a Dios en violación de Sus instrucciones (vea, por ejemplo, Levítico 10:1). Tal mezcla contiene impurezas espirituales, donde hay un poco de Dios, un poco de carne y otro poco de demonio. (Vea Efesios 2:1–3). Dios rechaza el fuego extraño porque mancha y destruye nuestro propósito y a la vez lo deshonra.

A lo largo de mi vida ministerial, he visto a personas perderlo todo porque se negaron a someterse al proceso de purificación y formación que los llevaría a su destino. ¡No podemos jugar con Dios! No podemos caminar hacia nuestro propósito llenos de impurezas —soberbia, egoísmo y otras formas de pecado y maldad—. Eso nos guiará hacia la maldición y la destrucción. El proceso sirve para limpiar nuestro corazón y purificar nuestros motivos, de modo que Dios sea glorificado y nuestra generación sea bendecida. Cuando somos desobedientes a la Palabra de Dios, nos arriesgamos a experimentar las maldiciones resultantes e incluso la destrucción. (Vea Deuteronomio 27–28). Pero cuando nos sometemos al proceso, permitimos que Dios limpie nuestros corazones y purifique nuestros motivos, para que Él pueda ser glorificado y nuestra generación bendecida. Así que, ríndase a Dios, arrepiéntase de cualquier rebelión y desobediencia en su vida, y reciba Su perdón y bendiciones. (Vea Efesios 4:22–23).

EL PROCESO NOS CONDUCE A MORIR AL YO

Como parte de nuestra purificación, nos sometemos a la disciplina amorosa de nuestro Padre celestial para remover nuestro egocentrismo y deseos egoístas. Nuestra naturaleza humana caída demanda autocomplacencia y tiene apetito por todo lo que produce placer temporal y carnal. Pero nuestro propósito no puede cumplirse en esas condiciones. Dios nos creó para ser de bendición a otros e impactar el mundo con Su amor y poder.

LA PERSONA QUE NO ES PROCESADA NO CAMBIA; Y, SIN CAMBIO NO PODEMOS ALCANZAR NUESTRO PROPÓSITO DE VIDA.

Si no pasamos a través del proceso de Dios, no podemos cambiar. Y si no cambiamos no podemos cumplir Su plan para nosotros. Recuerde que Jesús pasó fuertes procesos antes y durante Su ministerio, culminando con Su sufrimiento en la cruz. Gracias a esos procesos, Él se convirtió en nuestro Salvador. Entonces fue exaltado por el Padre, quien lo hizo Rey de reyes, Señor de señores y Sumo Sacerdote de la humanidad. Pero, para llegar a tan alto nivel, Él primero *"se humilló a sí mismo, haciéndose obediente hasta la muerte, y muerte de cruz"* (Filipenses 2:8).

Morir a nosotros mismos significa dejar de velar por nuestros propios intereses, para entregarnos a Dios por el bien de los demás. Pero más aún, significa renunciar a nuestra propia voluntad para hacer la voluntad de Dios. Como aprendimos en el primer capítulo, para provocar ese cambio en nuestra vida, necesitamos ser como la semilla que es plantada en la tierra y muere. Ese es el más alto sacrificio que una persona puede hacer, pero lo hace quien reconoce que solo la semilla que muere puede dar vida. Por eso, Getsemaní selló el proceso en la vida de Jesús (vea Mateo 26:36–46).

EL PROCESO SOSTIENE NUESTRO ÉXITO

El éxito es nuestro destino, pero no podremos sostenerlo a menos que hayamos sido procesados. Antes mencioné que nuestros dones nos pueden catapultar a la cima del éxito, pero solo el carácter puede mantenernos en ese lugar de privilegio. ¿De qué serviría alcanzar el éxito por un corto tiempo, para que luego todo se desmorone porque no tenemos con qué sostenerlo? En Dios, el éxito es verdadero y sostenible; por eso, antes de dárnoslo, Él tiene que prepararnos, cambiarnos y madurarnos.

EL PROCESO NOS PREPARA PARA LA UNCIÓN

La vida de Jesús es siempre nuestro mejor ejemplo, y esto es especialmente cierto con respecto a la unción de Dios en nuestras vidas. Jesús fue al Jordán a bautizarse y ser ungido por el Espíritu Santo de Dios para poder cumplir Su propósito en la tierra. Él no fue bautizado apenas nació, sino treinta años después. Una de las razones por las que fue procesado durante tres décadas es que, si no hubiera tomado ese camino, no podría haber portado la unción que Dios tenía destinada para Él.

En las iglesias existen muchos líderes que nunca han sido procesados y sin embargo ocupan altas posiciones. Esa situación, potencialmente, puede acarrear terribles consecuencias al cuerpo de Cristo. Si esos líderes no pueden mantener su éxito con gracia e integridad, la gente que deposita su confianza en ellos puede resultar herida y su fe destrozada. Es imprescindible que estos líderes pasen por un proceso de santificación, donde sean apartados para el uso exclusivo de Dios, para que entonces puedan portar la unción y el poder de Cristo mientras viven una vida de honor y credibilidad.

EL PROCESO CONFIRMA QUE SOMOS PARTE DEL REMANENTE DE DIOS

Estoy convencido que, de nuestra generación saldrá el remanente que preparará la tierra para la segunda venida del Señor: *"Y todo aquel que invocare el nombre de Jehová será salvo; porque en el monte de Sion y en Jerusalén habrá salvación, como ha dicho Jehová, y entre el remanente al cual él habrá llamado"* (Joel 2:32). *"Así también aun en este tiempo ha quedado un remanente escogido por gracia"* (Romanos 11:5). El verdadero remanente debe pasar por un proceso, porque eso nos calificará para soportar y vencer la fuerte oposición que se levantará contra la venida de Cristo.

CÓMO COMENZAR EL PROCESO

Tal vez usted siente que conoce su propósito, pero no sabe cómo comenzar a caminar en él a través del proceso de Dios. Déjeme darle dos pautas que le ayudarán a hacerlo:

DISCIERNA SU PROCESO

Cuando nos rendimos a Dios, somos iniciados en nuestro propósito. Algunas personas no se han sometido a sus procesos porque no los han reconocido. El proceso puede presentársenos de diferentes formas, según las áreas de nuestro carácter que necesitan ser formadas. Debemos "velar y orar" (vea, por ejemplo, 1 Pedro 4:7) para que siempre podamos estar alertas y reconocer las situaciones, personas, relaciones, trabajos y ministerios que vienen a nuestra vida para formarnos. Si Jesús no hubiera discernido Sus procesos mediante la oración, jamás habría llegado a la cruz. Incluso, tal vez se habría rebelado contra el proceso. Eso significa que la resurrección nunca habría ocurrido, porque quien no muere no puede resucitar. Pero Jesús no se apartó ni un milímetro del centro de la voluntad de Dios.

SOMÉTASE AL PROCESO VOLUNTARIAMENTE

Quiero enfatizar una vez más que Dios no obliga a nadie a rendirse a Él. El Señor no viola nuestra

UNA DE LAS SEÑALES DE QUE ALGUIEN HA SIDO PROCESADO ES QUE ESTÁ QUEBRANTADO Y MUERTO A SÍ MISMO.

voluntad. Dios nos libera de toda opresión para que podamos elegirlo a Él con libertad. La sumisión a Sus procesos es, por lo tanto, voluntaria; es algo que todos debemos decidir por nosotros mismos. Dios nos llama, nos anima, nos atrae y nos espera; pero finalmente, la decisión es nuestra. Sin embargo, comprenda que si usted le dice no al proceso, nunca llegará a su destino ni vivirá en la plenitud de su propósito.

Veamos dos ejemplos bíblicos de líderes que se sometieron al proceso voluntariamente: Josué y Eliseo. Josué fue un hombre de carácter que creyó en la Palabra de Dios y Sus promesas, aun cuando las circunstancias y eventos naturales parecieran negarlo. Desde joven, Josué se sujetó al proceso de Dios sirviendo a Moisés; por eso, cuando Moisés murió, el manto de liderazgo sobre el pueblo de Dios le fue transferido a Josué. "*Y Josué hijo de Nun fue lleno del espíritu de sabiduría, porque Moisés había puesto sus manos sobre él; y los hijos de Israel le obedecieron, e hicieron como Jehová mandó a Moisés*" (Deuteronomio 34:9). Josué no esperó a que Dios le dijera que sería el sucesor de Moisés para entrar en el proceso de sometimiento. Josué discernió su proceso varios años antes y voluntariamente lo siguió por fe como la voluntad de Dios para su vida.

Otro ejemplo es el de Eliseo. Él se sometió al proceso de dejar su casa y las riquezas de su familia para voluntariamente seguir y servir al profeta Elías. Nadie lo obligó a hacer eso. Elías lo llamó y él fielmente lo siguió. Por eso, cuando Elías fue llevado al cielo, Eliseo recibió una doble porción de su espíritu. "*Cuando habían pasado, Elías dijo a Eliseo: Pide lo que quieras que haga por ti, antes que yo sea quitado de ti. Y dijo Eliseo: Te ruego que una doble porción de tu espíritu sea sobre mí*" (2 Reyes 2:9). Dios le concedió su petición y Eliseo tuvo una unción poderosa. (Vea los versos 10–15).

Todos hemos sido creados para un propósito, pero no todos lo cumplimos. Hay una condición ineludible para ser formados para nuestro destino: rendirnos. Muchos conocen su propósito, saben para qué Dios los creó, pero no están dispuestos a rendirse al Señor. Y Dios

ALCANZAR EL ÉXITO NO ES TAN DIFÍCIL COMO SOSTENERLO;
SOLO EL PROCESO PUEDE HACERLO...

no va a forzarlos. Él trabaja solo con aquellos que rinden su voluntad a Él. Algunas personas intentan sustituir el proceso con oración, sin entender que ése tampoco es el camino. La oración nos ayuda a discernir el proceso y a ver con más claridad qué áreas de nuestra vida tenemos que rendirle a Dios, y eso nos da la fortaleza para ceder a Él, pero no sustituye la rendición.

Si quiere discernir su proceso y someterse al mismo, haga conmigo la siguiente oración:

Padre celestial, Te doy gracias por darme todo este conocimiento sobre mi propósito. Me ha permitido entender muchas de las situaciones que he atravesado en el pasado, así como las que atravieso hoy en día. ¡Gracias por darle sentido a estas circunstancias de mi vida!

Reconozco que no Te he rendido mi voluntad, que he luchado contra el proceso que puede llevarme a mi destino. Te pido perdón por mi rebelión y mi ignorancia. Hoy, Te rindo mi voluntad, Te acepto como Señor de mi vida, y no solo como mi Salvador. Te cedo el timón de mi vida y me someto voluntariamente al proceso de ser transformado y purificado para que pueda llevar a cabo mi propósito, a Tu manera.

Confío en Ti y creo que todo lo que haces en mi vida es con el propósito de llevarme al verdadero éxito. Declaro que Cristo es mi modelo a seguir, y seguiré Su ejemplo de obediencia y rendición. Padre, hoy muero a mí mismo para que Cristo viva plenamente en mí, y Su carácter sea formado en mí; y Tu propósito glorioso se cumpla en mí; en el nombre de Jesús, ¡amén!

A MAYOR UNCIÓN MAYOR EL PROCESO. NADIE PUEDE PORTAR ALGO PARA LO CUAL NO HA SIDO PROCESADO.

TESTIMONIOS DE HABER ENCONTRADO Y CUMPLIDO UN PROPÓSITO

UNA REVELACIÓN DE PROPÓSITO A TRAVÉS DE SEÑALES Y SERVICIO

Lisandro Parra era un hombre que estaba perdido en la vida, sin dirección o propósito, hasta que encontró a Jesús. Hoy, él es un profeta en una iglesia afiliada al Ministerio El Rey Jesús. Este es su testimonio:

Conocí a Cristo en el momento más oscuro de mi vida. En ese tiempo, estaba completamente dedicado al alcohol, los cigarrillos y la marihuana; también usaba cocaína y era mujeriego. Vivía de fiesta en fiesta. Mi mundo era un círculo de "diversión", drogas y alcohol.

Comencé ese estilo de vida cuando era muy joven, ya que no conocía ninguna forma diferente de vivir. Cuando me mudé a Miami, las cosas empeoraron porque las drogas se volvieron más accesibles para mí. ¡Estaban en todas partes! También llevaba una vida muy promiscua debido al mal ejemplo que había en mi familia. Mi abuelo era adúltero, mi padre era adúltero, y yo seguí el mismo patrón. A los veinticuatro años, comencé a escuchar acerca de Dios, pero no me rendí a Él. La mujer con la que estaba en ese tiempo me habló de Dios y me llevó a una iglesia, pero solo fui por complacerla. Recibí a Cristo, pero no de corazón. Sin embargo, de ese día en adelante, comencé a escuchar la voz de Dios, aunque no me comprometí con Él porque los vicios en mi vida me tenían fuertemente agarrado.

Después, comencé a pasar por situaciones difíciles que eran como señales para mí. Todo comenzó con una mujer que utilizó la Santería contra mí; después, alguien trató de quitarme la vida. Posteriormente, mi negocio se fue a la quiebra. Muchas veces, me despertaba por la mañana y encontraba que había chocado mi carro la noche anterior, mientras conducía a casa bajo la influencia del alcohol o las drogas, pero yo no estaba herido.

¡Llegó un momento en que ya no sabía qué hacer! Estaba buscando una solución, pero no la podía encontrar; hasta que me rendí a Dios e hice un pacto con Jesús. Él me liberó de la prisión y me salvó de la muerte, los accidentes y mucho más. Hoy, sé que todo se debió al propósito que Dios tenía para mi vida. En ese tiempo, conocí a la mujer que se convertiría en mi esposa, y juntos comenzamos a seguir los caminos del Señor. El proceso por el que Dios me llevó fue muy difícil; implicó cambios radicales. Estaba acostumbrado a tener mucho dinero y, de repente, me quedé sin nada. Siempre lo había tenido todo, pero ahora apenas si tenía los recursos financieros suficientes. Sin embargo, durante todos esos cambios, Dios fue fiel.

Cuando comencé a asistir al Ministerio El Rey Jesús, Dios comenzó a revelar mi propósito, poco a poco, a través de mis actos de servicio. Comencé en el ministerio de alabanza y luego trabajé en la librería. Después de eso, me moví al ministerio de intercesión, donde serví por varios años. Durante ese tiempo, siempre estaba disponible para ayudar a limpiar los baños de la iglesia, salir a evangelizar o servir en la escuela para nuevos creyentes, en el ministerio de liberación o en la intercesión. Mi esposa y yo hicimos de todo. Dios nos hizo pasar por el proceso. A través de nuestro servicio a los demás, y con la guía del Espíritu Santo, fuimos edificados y conducidos a nuestro propósito. Así es como nos desarrollamos en el ministerio y en la vida.

Hoy, estamos viviendo en nuestro propósito. Recientemente, fui ordenado como profeta por nuestro padre espiritual, el Apóstol Guillermo Maldonado, y soy el pastor de una iglesia del Ministerio El Rey Jesús en la ciudad de Homestead, Florida. Mi esposa y yo nos sentimos realizados.

Dios también nos está usando en Medellín, Colombia, y en otras partes del mundo, para edificar a Su pueblo y levantar hombres y mujeres en sus propósitos. A través de nuestro ministerio, hemos visto a Dios sanar personas enfermas con cáncer y otras enfermedades, restaurar matrimonios y hacer mucho más. Uno de los hombres que fue sanado y restaurado se llama Pedro. Había consumido drogas durante once años y no quería saber nada de Dios, pero su esposa oraba para que él pudiera conocer la gloria de Dios. Un día, a Pedro le diagnosticaron siete discos herniados. Como resultado, tuvo que comenzar a tomar cierto medicamento que le causó una mala reacción. ¡Estaba desesperado!

Los médicos no le daban esperanzas a Pedro porque, además, el alcoholismo y el fumar habían causado graves daños a su cuerpo. Oramos por él y Dios hizo algo radical en su vida. Desde el primer día que llegó a la iglesia, comenzó un proceso de cambio y sanidad. ¡Dios restauró su salud por completo! Su matrimonio también fue restaurado. Ahora, él y su esposa están creciendo espiritualmente, y ambos son diáconos del ministerio. Están firmes sirviendo y creciendo en Dios.

Pedro está encontrando su propósito como líder en la iglesia. Comenzó a estudiar la Biblia, y muchas cosas en su vida han cambiado. Debido a que yo encontré mi propósito, otros que han pasado por lo mismo que yo pasé, están siendo transformados por el mismo Dios. Estamos muy agradecidos por todo lo que hemos visto en nuestro ministerio y por las vidas que Dios ha transformado a nuestro alrededor.

Creo que la felicidad más completa que un ser humano puede experimentar proviene de estar en el propósito y la voluntad de Dios. Viviendo en mi propósito, siento paz, felicidad y alegría, y veo su fruto en mi vida, en nuestro hogar, en nuestra iglesia y en mi esposa. Dios nos ha bendecido en todo. Ahora entreno a los hijos de Dios en mi iglesia —incluso a pastores de otros países— y los guío hacia sus propósitos. Le damos gloria a Dios por hacer todo esto posible y por elegirnos como servidores de Su reino, ¡llamados a cumplir Su propósito en la tierra!

EL SECRETO PARA DISCERNIR EL PROCESO QUE NOS LLEVARÁ A CUMPLIR NUESTRO PROPÓSITO ES VELAR Y ORAR CONTINUAMENTE.

UN ROMPIMIENTO HACIA UNA VIDA CON PROPÓSITO

Después de encontrar su propósito en Dios, Jacqueline Murphy de Miami, Florida, se convirtió en una escritora prolífica y comenzó cinco compañías diferentes en el campo editorial.

Siempre creí que Dios me creó para ser una persona única y que, algún día, utilizaría todos los talentos y dones que me había dado. También sabía que Dios tenía un plan para mí y que haría grandes cosas en mi vida, pero había estado buscando un lugar donde comenzar y aún no había encontrado uno.

Entonces, comencé a interesarme en el poder sobrenatural de Dios, y me conecté con el Ministerio El Rey Jesús. Desde que era pequeña, disfrutaba escribiendo, pero no había publicado nada hasta que recibí una activación de Dios durante una clase en la Universidad del Ministerio Sobrenatural (USM). Había llegado allí con un manuscrito para un libro y un profundo deseo de mostrarle al mundo lo que Dios me había dado. Durante una de las clases, tomé ese manuscrito y, con toda mi fe, se lo presenté a Dios.

Siempre había sentido una gran oposición y retraso en mi vida. De hecho, ese manuscrito había estado guardado en un estante durante tres años. Al principio, solo tenía una visión de lo que Dios quería que hiciera, aunque sabía que en mis propias fuerzas no podría cumplir Su plan. Pero después de recibir la enseñanza en USM, mi libro se publicó y he podido ver la gloria de Dios. Además, Dios me ha ayudado a comenzar cinco compañías diferentes, todas relacionadas con el campo editorial.

Hoy, viajo invitada a muchas naciones para hablar sobre mi experiencia en publicaciones. He tenido momentos cruciales en mi camino, pero el plan de Dios siempre ha prevalecido. Me he enfrentado a desafíos, pero ahora, después de pasar por el proceso, he podido ver mi sueño hecho realidad. Todo lo que necesitaba era aprender a descansar en Dios y creer en Su propósito para mi vida.

UNGIDOS PARA UN PROPÓSITO

DIOS NO NOS CONFIARÁ UN PROPÓSITO SI NUESTRA SUMISIÓN
AL PROCESO ES INVOLUNTARIA.

4

UNGIDOS PARA UN PROPÓSITO

La generación de la que usted y yo formamos parte está influenciada por una mentalidad occidental basada en el racionalismo, la ciencia empírica y el liberalismo religioso. A cada uno de estos enfoques de vida le cuesta mucho reconocer y depender de Dios. En los últimos veinte años, hemos visto prominentes avances en el campo de la medicina, la tecnología, y la ciencia. Pero estos avances han servido para fomentar las debilidades que ya están presentes en la mentalidad de nuestra sociedad: nos gusta pensar que tenemos todo bajo control, y siempre queremos resolver cada problema o situación al instante, en nuestras propias fuerzas; y solo a través de nuestro conocimiento, raciocinio natural y habilidades.

Sin embargo, muchos problemas serios persisten en nuestra sociedad. Los tiempos que estamos viviendo nos presentan circunstancias imposibles que van más allá de nuestra capacidad para resolverlas. Esos desafíos los vemos en todos los aspectos de la sociedad, incluyendo el gobierno, la economía, los negocios, la salud, la familia, el ministerio y muchos más. No hemos podido reconocer el hecho de que nuestro propósito original como seres humanos no proviene del ámbito natural, aunque vivimos en cuerpos físicos y habitamos en un mundo material.

Como he afirmado a lo largo de este libro, nuestro origen es Dios, y todo lo que viene de Dios tiene un comienzo sobrenatural. Por lo tanto, necesitamos soluciones sobrenaturales para los problemas de nuestra propia sociedad y los problemas que ocurren en toda la tierra.

Igualmente, tampoco podemos conocer ni cumplir nuestro verdadero propósito en la vida únicamente con nuestras habilidades naturales. Llegar a ser aquello para lo que fuimos creados solo es posible por medio de la gracia, el poder y la unción de Dios. Lo sobrenatural siempre estará más allá de lo que perciben nuestros sentidos naturales y sobrepasará los límites de la razón y la habilidad humana, así como los límites de las leyes físicas. Así que, definitivamente necesitamos el poder sobrenatural de Dios para cumplir Su asignación, la cual es única para nosotros aquí en la tierra. Entonces, podemos deducir que, si usted cree que puede cumplir su propósito conforme a sus propias habilidades, ¡seguramente ése no es el verdadero propósito de Dios para usted!

¿QUÉ ES LA UNCIÓN?

La "unción" es el poder sobrenatural que Dios nos da para llevar a cabo Su propósito, llamado o asignación. Este es un tema que cubrimos brevemente en el capítulo anterior cuando hablamos acerca del proceso, porque solo a través del proceso de Dios podemos ser preparados para Su unción. "Ungir" significa capacitar a alguien con habilidad divina para hacer lo que no podía hacer de acuerdo con su propia

DIOS NO LE DARÁ UN MANTO DE SUCESIÓN A ALGUIEN QUE NO CAMINA BAJO SUJECIÓN VOLUNTARIA.

naturaleza y dones. Para cumplir efectivamente el propósito que Dios le ha dado, usted necesita tener la unción del Espíritu Santo.

¡Ser ungido es ser empoderado sobrenaturalmente para hacer lo imposible! Hechos 10:38 dice, *"Cómo Dios ungió con el Espíritu Santo y con poder a Jesús de Nazaret, y cómo éste anduvo haciendo bienes y sanando a todos los oprimidos por el diablo, porque Dios estaba con él"*. ¿Está enfrentando algo imposible? ¿Está tratando de cumplir su propósito en sus propias fuerzas? Si su respuesta a cualquiera de estas preguntas es sí, es tiempo de comenzar a buscar la unción del Espíritu Santo para que pueda recibir la fuerza y sabiduría sobrenatural de Dios.

Siempre debemos tener en mente que nada que Dios nos mande a hacer es posible realizar en nuestras propias fuerzas. Por ejemplo, Jesús nos encomendó este mandato: *"Y yendo, predicad, diciendo: El reino de los cielos se ha acercado. Sanad enfermos, limpiad leprosos, resucitad muertos, echad fuera demonios; de gracia recibisteis, dad de gracia"* (Mateo 10:7–8). Este mandato solo podemos realizarlo cuando somos ungidos con poder de lo alto. Por lo tanto, Jesús explica, *"Recibiréis poder, cuando haya venido sobre vosotros el Espíritu Santo, y me seréis testigos en Jerusalén, en toda Judea, en Samaria, y hasta lo último de la tierra"* (Hechos 1:8).

CONOCIENDO EL PROPÓSITO DE SU UNCIÓN

La naturaleza y medida de su unción le son dadas de acuerdo a su propósito único. Esta habilidad divina no se le entrega arbitrariamente. No la recibe con la opción de usarla o no. Y no se le da para sus propósitos individuales. Le es dada exclusivamente para el cumplimiento de un propósito, llamado o asignación específicos. Independientemente de si ese propósito es para el área de los negocios, las artes, la educación, los deportes, la tecnología, las leyes, el ministerio, la política, el gobierno, la ciencia, la medicina, o cualquier otra cosa, eso solo podrá lograrlo en Dios. Por consiguiente, no importa cuál es la esfera de influencia o el territorio que Él le ha asignado; si usted está trabajando en el propósito dado por Dios, puede estar seguro que Él también le dará Su unción.

Algunas personas tienen habilidad divina, pero no conocen la razón por la cual Dios los ha ungido. Como no saben cómo conectar su unción con su propósito, se convierten en personas extremadamente frustradas. Otros ni siquiera saben que tienen unción divina. Ésta es una de las razones por la cuales muchas personas se sienten vacías e infelices. Viven vidas inefectivas e improductivas porque están operando fuera de su llamado y propósito.

Cuando Jesús comenzó Su ministerio dejó bien claro cuál era Su propósito y para qué había sido ungido. De pie en la sinagoga en Nazaret, Él declaró:

El Espíritu del Señor está sobre mí, por cuanto me ha ungido para dar buenas nuevas a los pobres; me ha enviado a sanar a los quebrantados de corazón; a pregonar libertad a los cautivos, y vista a los ciegos; a poner en libertad a los oprimidos; a predicar el año agradable del Señor.
(Lucas 4:18–19)

¡Jesús fue ungido para ese propósito específico! Ahora, mi pregunta para usted es esta: "¿Sabe usted para qué fue ungido?"

Jesús pudo demostrar quién era Él y cuál era Su propósito, por medio de las obras sobrenaturales producidas por la unción que cargaba. Esa unción vino a

LA RENDICIÓN ES EL LUGAR DONDE DIOS COMIENZA A FORMARNOS, Y EL TIEMPO QUE NOS TOMA SER FORMADOS DEPENDE DE NUESTRO NIVEL DE RENDICIÓN.

confirmar que Dios aprobaba Su ministerio. Pedro le dijo a la multitud en Pentecostés: *"Varones israelitas, oíd estas palabras: Jesús nazareno, **varón aprobado por Dios** entre vosotros con las maravillas, prodigios y señales que Dios hizo entre vosotros por medio de él, como vosotros mismos sabéis…"* (Hechos 2:22).

A fin de cumplir Su propósito, Jesús no solo tuvo que pasar por el proceso de sometimiento a Dios, sino que además necesitó la aprobación del Padre. Jesús era perfecto, santo y puro, pero tuvo que ser bautizado en el Río Jordán, y ayunar por cuarenta días en el desierto, antes de poder pararse en la sinagoga a leer la primera parte de Isaías 61 y luego anunciar, *"Hoy se ha cumplido esta Escritura delante de vosotros"* (Lucas 4:21). Actualmente, hemos bajado el criterio de aprobación para servir en el ministerio; y con frecuencia vemos que la predicación del evangelio se ha convertido en una forma de entretenimiento. Sin duda, el verdadero camino para hacer la voluntad de Dios es el que Jesús nos mostró. Ahora, hágase usted mismo esta pregunta: "¿Mi vida o ministerio muestran alguna evidencia de haber sido aprobados por Dios?"

Hoy, gran parte de la iglesia ha reemplazado la unción con educación, habilidades naturales, dones e intereses personales. En muchos casos, ya no buscamos la evidencia del proceso y la unción en una persona antes de ordenarla al ministerio. En cambio, miramos más los títulos y el carisma. Nos conducimos de acuerdo a la manera del mundo y no a la manera del reino. Esta práctica está llevando a la iglesia por mal camino y es la razón por la que muchos líderes y congregaciones cristianas no están siendo transformados; esta es, además, la razón por la cual no son efectivos ni productivos. Como consecuencia, fracasan en impactar sus países y su generación. Puede que llenen sus agendas con actividades congregacionales, pero allí no ocurren cambios sobrenaturales.

Llevar a cabo nuestro propósito y ministerio sin habilidad divina, equivale a actuar "religiosamente" —usar fórmulas y métodos humanos, rituales sin vida, y mucho más— con los que *"aparentarán ser piadosos, pero su conducta desmentirá el poder de la piedad"* (2 Timoteo 3:5 NVI). El mundo está cansado de religión, porque la religión carece de poder. La iglesia lograría mucho más si volviera a los criterios establecidos por Cristo. Sabemos que Jesús no comenzó Su ministerio hasta que fue bautizado en el Espíritu Santo, o ungido. Como hombre, sin esa capacidad divina que recibió en el Río Jordán, no hubiera sido capaz de sanar a los enfermos, echar fuera demonios, resucitar muertos o predicar las buenas nuevas del reino. No habría podido lograr los resultados que obtuvo conforme a Su propósito.

Dios siempre confirma nuestro propósito, llamado o asignación con una intervención sobrenatural, como una palabra profética, un sueño, una visión, una señal u otro tipo de comunicación divina. Él hará que Su confirmación sea muy clara, para que no la podamos pasar por alto o dejemos de reconocerla fácilmente. Es un momento que nos marca, nos cambia y queda grabado en nuestra memoria y nuestro corazón. Si usted no ha tenido un momento así en su vida, todavía no ha entrado en la unción para cumplir su propósito. Puede ser que usted no se haya sometido al proceso de Dios o todavía está en medio de ese proceso.

¿ALGO ESTÁ ENTORPECIENDO SU UNCIÓN?

Aunque Dios muestra muy claramente Su voluntad para nosotros, muchas personas aún se preguntan, "¿Cómo puedo reconocer que la unción de Dios ha venido a mí para un propósito?" Para reconocer ese momento, es importante saber que la unción viene a empoderarnos para cumplir una *asignación específica*. Recuerde que la unción no viene solo para hacernos sentir bien; de hecho, tampoco viene para que sintamos la presencia de Dios; aunque Su presencia acompaña la unción.

A veces parece que la unción no viene porque nos falta expectativa acerca de lo que Dios quiere hacer a través de nuestras vidas; no alcanzamos a imaginarnos recibiendo el tipo de tarea que Él quiere darnos. Por eso, necesitamos ser conscientes de que Dios siempre quiere hacer una obra especial en nosotros. Todo lo que Él requiere es que estemos disponibles. Jesús dijo: *"Bienaventurados los pobres en espíritu, porque de ellos es el reino de los cielos. Bienaventurados los que lloran, porque ellos recibirán consolación. Bienaventurados los mansos, porque ellos recibirán la tierra por heredad. Bienaventurados los que tienen hambre y sed de justicia, porque ellos serán saciados"* (Mateo 5:3–6). Si usted busca al Señor con humildad y obedece Su Palabra, Él le revelará su propósito y asignación, y su unción será activada.

Otras veces, la gente trata de servir a Dios, y luego se preguntan por qué no viene la unción. La unción no nos acompaña cuando tratamos de hacer algo que no forma parte de nuestra asignación, porque no estamos alineados al propósito de Dios. Bajo tales condiciones, la gente suele quemarse, porque no tiene la gracia para llevar a cabo esa asignación. La unción viene para apartarlo y empoderarlo para servir a Dios conforme al propósito para el cual Él lo creó.

Otra forma como se bloquea el empoderamiento divino es cuando somos egocéntricos, y no reconocemos que nuestro propósito no se trata solamente de nosotros mismos, sino de servir a los demás. Aunque Dios tiene un plan personal o específico para su vida, Él no trabaja con usted de una manera aislada. Él siempre lo ve como un miembro de Su pueblo, de Su familia, no como un individuo ajeno a los demás. Si usted está tratando de cumplir un propósito que solo lo beneficia a usted, entonces la unción de Dios no lo seguirá.

Somos consagrados y ungidos para un propósito específico. Sin embargo, en el momento que nos salimos de ese propósito la unción deja de funcionar, porque no nos es dada para hacer lo que queramos con ella. Por el contrario, cuando estamos operando en nuestro propósito, la unción produce fruto y multiplicación; todo fluye, y nos sentimos como "hechos a la medida" exactamente para lo que estamos haciendo.

Entonces, ¿cuándo se da o se activa la unción? Cuando conocemos nuestro propósito. ¿Y para qué viene? Para cumplir el propósito para el cual Dios nos creó. Una vez que conocemos nuestro propósito y asignación, Dios espera que respondamos a Su llamado. Hay una pausa o un intervalo entre ser ungido y ser enviado. Durante ese tiempo, Dios espera un sí de nuestra parte para cumplir Su propósito. ¿Está dispuesto a decirle sí a Dios?

EL LUGAR DE LA UNCIÓN

Muchas personas también se preguntan *dónde* serán ungidos o empoderados. Preguntan, "¿Necesito estar en una iglesia?" "¿Tengo que pedirle a un pastor que me unja con aceite?" o "¿Tengo que esperar en algún lugar a que un ángel venga con un mensaje de Dios?" Realmente no hay un lugar físico específico en el que usted deba estar para recibir la unción de Dios. Sin embargo, *sí hay* un lugar en el Espíritu en el que tiene que estar.

En los Evangelios leemos que Jesús descendió al río Jordán para ser bautizado, momento en el cual

TODO LO QUE JESÚS NOS COMISIONÓ QUE HICIÉRAMOS ES IMPOSIBLE DE LOGRAR EN LO NATURAL.

fue ungido. Esta es la descripción de ese evento tomada del libro de Lucas: *"Aconteció que cuando todo el pueblo se bautizaba, también Jesús fue bautizado; y orando, el cielo se abrió. Y descendió el Espíritu Santo sobre él en forma corporal, como paloma"* (Lucas 3:21–22). Espiritualmente hablando, el Jordán representa un lugar de rendición, donde sometemos nuestra voluntad a la voluntad de Dios y aceptamos hacer las cosas a la manera de Dios, en lugar de hacerlas a nuestra manera. Este es el lugar del cual hablamos antes, donde morimos a nosotros mismos. Cuando Jesús fue bautizado en el Jordán, esta fue una señal inequívoca de que estaba rindiendo Su voluntad al Padre y estaba listo para ser ungido.

En el Antiguo Testamento existe un relato sobre un general del ejército Sirio, llamado Naamán, quien sufría de lepra. Él fue a Israel buscando al profeta Eliseo, porque sabía que Dios lo usaba para hacer milagros. Sin embargo, al llegar, el profeta ni siquiera salió a recibirlo. En vez de hacerlo, le envió esta orden con un mensajero: *"Ve y lávate siete veces en el Jordán y tu carne se te restaurará, y serás limpio"* (2 Reyes 5:10).

El Jordán era un río de aguas sucias, y el general se ofendió con esa instrucción. Él hubiera preferido haberse lavado en un río en su propio país, como el Abana, que tenía aguas más limpias. Naamán casi se niega a la prescripción de Dios para su sanidad, hasta que sus siervos lo persuadieron de obedecer esta simple tarea. La Biblia dice, *"Él entonces descendió, y se zambulló siete veces en el Jordán, conforme a la palabra del varón de Dios; y su carne se volvió como la carne de un niño, y quedó limpio"* (2 Reyes 5:14).

Naamán tuvo que humillarse y ser limpio a la manera de Dios para poder sanar. Esto nos enseña que, para seguir a Dios tenemos que caminar de acuerdo a la ruta de la rendición y la humillación. Caminar según el camino del mundo —con nuestra habilidad, talento, educación y sabiduría humana— no es suficiente. Esos elementos pueden funcionar cuando se trata de hacer un trabajo natural, pero no son suficientes para realizar una asignación sobrenatural. La única manera legal de recibir unción o habilidad divina es muriendo a sí mismo, crucificando la carne y cediendo a Su voluntad. Jesús siempre caminó en la unción porque continuamente vivió una vida de rendición. Él murió a Su propia voluntad para hacer la voluntad del Padre (vea, por ejemplo, Lucas 22:42), y se humilló a Sí mismo permitiendo que la unción fluyera a través de Él.

RECIBIENDO SU UNCIÓN

La voluntad de Dios es que vivamos bajo la unción del Espíritu Santo para que logremos llevar a cabo nuestro propósito y llamado. El único lugar desde el cual podemos ministrar a otros es ese lugar de unción. Tenemos que elegir el camino de Dios porque solo entonces seremos empoderados para traer Su reino a la tierra a través de nuestra asignación.

Para concluir, podemos decir que la unción es la gracia y el poder sobrenatural de Dios que nos capacita para cumplir el llamado o propósito que el Señor nos ha dado. La unción es dada exclusivamente para cumplir una asignación divina que nos separa y consagra para una misión específica en la vida. Además, la unción es prueba de que estamos operando en el llamado correcto. Esta viene a nosotros en ese lugar donde rendimos nuestra voluntad a la voluntad del Padre.

¿Ha recibido unción de Dios? ¿Se ha sometido al proceso de ser formado para conocer su propósito y usar correctamente su unción? Hoy, una vez más, el desafío es rendirnos por completo a Dios para que

Él pueda cumplir Sus planes en su vida, y la unción del Espíritu Santo pueda empoderarlo para lograr lo imposible para el Reino.

Oremos juntos para que la unción divina pueda fluir en su vida y usted pueda cumplir el verdadero propósito para el cual fue creado.

Padre celestial, Te doy gracias por la revelación que nos provees a través de este capítulo. Gracias por darme todo lo que necesito para poder cumplir Tu voluntad en mi vida. Reconozco que, por mucho tiempo, he tratado de hacer las cosas a mi manera, de acuerdo a mis fuerzas y habilidades naturales. Ahora entiendo por qué muchas cosas no me han funcionado, por qué siempre parece que me falta algo. Confieso que me ha faltado la fe para creer que Tú quieres hacer grandes cosas a través de mi vida. También he sido negligente al no rendirme a Ti por completo. Hoy, voluntariamente, renuncio a mis esfuerzos de cumplir un propósito divino solo con mis habilidades naturales. Cedo mi voluntad, rindo mi vida, y muero a mí mismo, para que Tu unción pueda empoderarme para cumplir mi verdadero propósito en la tierra. Te daré siempre a Ti toda la gloria, en público y en privado. En el poderoso nombre de Jesús. ¡Amén!

EL CRITERIO BÍBLICO PARA SERVIR EN EL MINISTERIO SIEMPRE HA SIDO SER UNGIDO CON CAPACIDAD DIVINA.

TESTIMONIOS DE HABER ENCONTRADO Y CUMPLIDO UN PROPÓSITO

UNGIDA PARA SANAR Y RESUCITAR

Lizthsol es una enfermera mexicana que recibió la revelación de su propósito. Ella rindió su vida para ser empoderada con habilidad divina a fin de cumplir su destino en la tierra, en el campo de la cirugía.

Yo he visto a Dios hacer cosas extraordinarias; no solo en mi carrera, sino también en mi vida personal. El Señor reveló Su gloria cuando pasé por un embarazo muy difícil. Desde el principio de mi embarazo, tuve que pasar por muchas circunstancias. Antes de embarazarme, le dije a Dios que cuando tuviera un bebé, fuera niño o niña, le entregaría el bebé a Él para que le sirva. Yo no sabía nada de hacer pactos con Dios, pero ese voto me salió del corazón.

Cuando quedé embarazada, tuve complicaciones médicas, y los doctores me dijeron que posiblemente el bebé tendría que ser abortado, pero pasé los dos primeros trimestres. Luego, en mi tercer trimestre, fui diagnosticada con preeclampsia. Como resultado, el bebé tuvo que nacer prematuramente. Él estuvo hospitalizado, y requería monitoreo constante. Después de haber salido del hospital, con el tiempo, noté que frecuentemente se enfermaba. Yo le preguntaba a Dios por qué permitía que mi hijo se enfermara si yo se lo había ofrecido a Él. Al cumplir un año, empezó a tener fiebre constante. Mi esposo es médico; así que comenzó a hacerle estudios, y dijo que no encontró nada alarmante. Pero un día, al llegar a casa después de mi jornada de trabajo, vi al niño otra vez con fiebre. Yo no sabía ni cómo orar, pero le pedí a Dios que lo sanara. De repente, le dio una convulsión que duró casi quince minutos.

Desesperada corrí con él al hospital, llegué al área de emergencias y se lo entregué a mi esposo para que lo chequearan. Sabían que tenía una infección, pero no sabían en qué parte del cuerpo, así que le hicieron muchos exámenes. No pudieron encontrar la causa hasta que le practicaron una punción lumbar; entonces, supieron que el problema era meningitis viral. Cuanto peor era la condición de mi hijo, más rencor sentía hacia Dios. Con el correr de los días el niño comenzó a mejorar, pero le quedaron secuelas de convulsiones recurrentes.

Meses después, fui a visitar a mi mamá a otra ciudad y una amiga me contactó y me dijo que estaba orando por mí. Ella asistía a una iglesia en Miami, llamada Ministerio El Rey Jesús, y nos contó acerca de los milagros que Dios hace allí. También me habló sobre el propósito de Dios para mi vida y mi familia. Al escuchar todo esto, mi hermana se animó a visitar la iglesia. ¡Volvió completamente diferente! Así que ese mismo año decidí ir también.

Justo antes de que mi esposo y yo lleváramos a nuestro hijo al Ministerio El Rey Jesús, le hicimos un examen y programamos una cita con una neuróloga pediátrica. Ella nos dijo que su cerebro había sido afectado en el área del aprendizaje y que tenía retraso mental. La doctora le prescribió medicamentos, y dijo que nuestro hijo debería tomarlos hasta que cumpliera los quince años. ¡Yo no acepté ese diagnóstico!

UNCIÓN ES LA HABILIDAD DIVINA QUE CONFIRMA NUESTRO PROPÓSITO Y LLAMADO, Y NOS EMPODERA PARA CUMPLIRLO.

Durante una de las conferencias organizadas por el Ministerio El Rey Jesús, recibimos la impartición de sanidad, y creímos que Dios había obrado en mi hijo. Ese mismo año, le volvimos a hacer el mismo estudio que había diagnosticado el retraso mental. El resultado de la prueba fue excelente, ¡como si nunca hubiera tenido retraso mental! Su cerebro se veía completamente normal. Dios hizo algo que la ciencia no podía hacer. Entonces entendí que yo tenía que pasar por todo eso para acercarme al Padre; aferrarme a Él y cumplir Su propósito para nuestras vidas.

Hoy, mi hijo cumple nueve años y es un niño muy inteligente. Nunca más ha recaído, o sufrido una convulsión. ¡El poder de Dios no tiene límites! Estamos felices y expectantes de lo que Dios hará con su vida.

Yo soy enfermera quirúrgica en un hospital en México. Dios ha puesto una pasión en mí para ayudar a las personas. Yo sé que Él me usa allí con propósito. He tenido muchas situaciones donde solo la unción de Dios podía hacer el milagro que salvó la vida de una persona.

Déjeme contarle un caso en particular. Estaba cubriendo mi turno cuando de repente nos avisaron que venía una persona con herida de arma blanca. La gente me conoce en mi trabajo, no solo como enfermera sino también como una mujer de fe. En el momento que entró el paciente a la sala quirúrgica, los doctores lo declararon muerto. Al instante, todos volvieron su mirada hacia mí, y uno de los médicos me dijo: "Liz, empieza a orar porque tenemos que sacarlo vivo de aquí". Yo comencé a orar y a declarar el poder de la resurrección sobre él. Clamé a Dios, declarando que cuando Él hiciera ese milagro y todos vieran Su gloria, ellos testificarían de la inmensidad de Su poder. Mientras yo estaba todavía orando, comenzaron a aparecer señales de vida en el paciente. Después de esto, los médicos pudieron operarlo y salvar su vida. ¡La resurrección existe! Nosotros, como creyentes, ¡podemos ser usados para resucitar muertos!

Yo he asistido a la Escuela del Ministerio Sobrenatural (SMS) de El Rey Jesús y allí Dios me ha empoderado y equipado para cumplir mi propósito en el campo de la medicina. Él me ha edificado en milagros creativos y ha llevado mi fe a otro nivel; así he podido ver mi propósito desarrollarse en otra dimensión.

DE BUDISTA A EMPRESARIO CRISTIANO Y EVANGELISTA

Durante nuestro primer Encuentro Sobrenatural en Taiwán, fuimos recibidos por la gente más hambrienta por Dios que yo he conocido. En cuanto entré al lugar donde se celebraba la reunión, sentí una ola de expectativa. En esa atmósfera, yo prediqué que Dios estaba por encima de las leyes de la naturaleza, la ciencia y la enfermedad. Luego, ministré a la multitud con lo que Él había puesto en mi corazón. El Señor me había dicho en oración: "Yo quiero crear órganos en sus cuerpos". Así que empezamos a orar por la gente y, de repente, comenzaron a ocurrir milagros creativos. Por ejemplo, una mujer llamada Cathy nos contó que ella había sido diagnosticada con cáncer de seno hacía ocho años, y le habían removido el 30 por ciento de su seno izquierdo. Mientras orábamos, ella empezó a sentir calor en esa zona de su cuerpo y, cuando se revisó, vio que su seno había crecido a su tamaño normal, ¡como si nunca le hubieran extirpado nada! Dios está haciendo grandes cosas en Taiwán y cumpliendo grandes propósitos.

Entre los asistentes a esa reunión estaba un empresario llamado Tony Tseng, quien me fue presentado por el Apóstol Mike Connell. Tony es el líder de un gran ministerio en Taiwán; y éste es su testimonio:

Mis padres eran budistas, así que yo no conocía a Dios ni los planes que Él tenía para mí. Cuando llegó el momento de elegir una carrera, me incliné hacia los negocios, ya que era un muchacho ambicioso. Mi primer trabajo fue

LA UNCIÓN VENDRÁ A SU VIDA CUANDO ENCUENTRE SU PROPÓSITO Y AUMENTARÁ EN LA MEDIDA QUE PERMANEZCA ALLÍ.

en una de las compañías americanas más grandes de Taiwán. Rápidamente hice carrera y mi futuro lucía promisorio.

Aún así, no me sentía satisfecho en mi interior. Era un perfeccionista, y nadie lograba alcanzar mis estándares. Eso me hacía sentir vacío y desilusionado. En ese tiempo, conocí a una compañera de trabajo que me guió a Cristo, y mi vida dio un giro de 180 grados. Mis valores, estilo de vida y preferencias cambiaron completamente. El mundo de los negocios empezó a aburrirme. Antes, la moral no me importaba; lo único importante para mí era el dinero, pero este atraía solo placeres mundanos y más tentaciones. Ahora, todo lo que antes había disfrutado y anhelado, ya no me atraía. Estaba dispuesto a dejar todo por Cristo.

Mi corazón quería servir a Dios a tiempo completo en el ministerio, pero Dios no me lo permitió. En lugar de eso, me dio una palabra revelada para que permaneciera en los negocios. Eso me perturbó mucho y luché con esa idea por un tiempo. Le pedí a Dios que me hablara otra vez si Él quería que permaneciera en el mundo de los negocios. Él me respondió con una palabra del Salmo 42:11 y Salmo 43:5. Supe en mi corazón que Dios había respondido mi oración, y me quedé en el mundo de las finanzas. Entonces le pedí al Señor que me guiara a un nuevo trabajo en otra compañía, ya que quería cambiar de ambiente. Sabía en mi corazón que Dios había respondido a mi oración, y me quedé en el campo de las finanzas. Terminé en una pequeña firma alemana, donde enfrenté problemas con las leyes no escritas del mundo empresarial. Pero allí también aprendí a seguir a Cristo y aferrarme a mi fe en medio de los conflictos.

Aprendí a poner mi carrera en la cruz de Cristo, porque tuve que rechazar ofertas de trabajo tentadoras, con altas ganancias, por obedecer la voz del Espíritu. Luego, cuando el gerente de mi compañía fue transferido a Alemania, me escogió

NADIE ES UNGIDO POR CASUALIDAD;
LA UNCIÓN SIRVE UN PROPÓSITO ESPECÍFICO.

para reemplazarlo. Manejar y expandir una pequeña firma es la mejor manera de ganar experiencia y, bajo mi liderazgo, la compañía duplicó varias veces su tamaño. Dios dispuso ese plan de entrenamiento para mí a fin de equiparme para servir en Su Reino, que era el trabajo que yo le había pedido todo ese tiempo.

A medida que maduraba en el campo empresarial, Dios me dio la visión de "edificar una iglesia gloriosa" y comencé a servir en mi iglesia, en cualquier área que me dieran la oportunidad. Incluso, llegué a servir como presidente del consejo de la iglesia por más de 30 años. Mi iglesia, "Pan de Vida", ha crecido de unos cientos de personas a más de diez mil miembros, con más de 200 filiales en Taiwán y una red de 400 iglesias alrededor del mundo.

Dios también me dio la visión de traer hombres a Cristo y guiar empresarios a servirlo. Creo que el evangelio tiene dos propósitos: la salvación personal y la transformación social. Con estas ideas en mente, fundé una organización para ministrar a empresarios, la cual ha estado guiando empresarios a Cristo por más de treinta años y encendiendo su pasión por servir a Dios.

Sin embargo, todavía sentía un dolor dentro de mí. Una pasión por el Reino de Dios seguía ardiendo en mi corazón. Quería ver el evangelio predicado en todo lugar y mi país transformado. Un día, el Espíritu Santo me llevó a clamar en oración en la presencia de Dios. Sentía que mis capacidades eran limitadas y que no podía hacer más. Pero, después de ese tiempo de oración, Dios me aseguró que multiplicaría los recursos que ya Él había provisto para mí.

En 1997 el Señor me dio una visión para un ministerio en los medios de comunicación; y comencé a sentir una gran carga por comenzar una estación de televisión cristiana. Edificar y operar una estación de TV no es barato y a mis amigos empresarios no les pareció una buena idea. Sin embargo, bajo la guía del Espíritu Santo, decidí edificar GOOD TV. Hemos estado operando la estación por más de 21 años, con el apoyo de donaciones y ofrendas de la audiencia. Nos hemos modernizado y ahora transmitimos el mensaje del evangelio al pueblo chino alrededor del mundo a través de la televisión por cable, satélite e internet. En estos más de 21 años, el porcentaje de cristianos en Taiwán ha pasado del tres al siete por ciento. Le doy gloria a Dios por la pequeña porción de responsabilidad que GOOD TV ha tenido en esta gran cosecha.

PROPÓSITO, TIEMPOS Y TEMPORADAS

RENDICIÓN ES EL LUGAR DONDE SOMOS EMPODERADOS CON HABILIDADES DIVINAS.

5

PROPÓSITO, TIEMPOS Y TEMPORADAS

Después que somos ungidos para nuestra asignación específica, tenemos que aprender a reconocer la temporada o temporadas por las que Dios nos lleva para que se cumpla el propósito para el cual fuimos creados. Recuerde que Dios habita en una dimensión llamada eternidad, que está más allá del ciclo de la vida natural en la tierra y que no está sujeto a las limitaciones del tiempo. No hay pasado ni futuro en la eternidad; sino que todo existe en un *eterno presente*. La eternidad *siempre ha sido, es y será*. En cambio, todo en la tierra está sujeto al tiempo, en el cual existe pasado, presente y futuro, por los cuales nuestras vidas naturales son gobernadas.

Las estaciones físicas son producidas por la inclinación del eje de la tierra y el paso del tiempo a medida que nuestro planeta gira alrededor del sol. Primavera, verano, otoño e invierno, cada una de ellas tiene su propio periodo en el año. De la misma manera, en el ámbito espiritual, existen temporadas únicas o periodos, en los que Dios produce cambios para implementar Sus propósitos para la humanidad. Sin embargo, a diferencia de las estaciones de tres meses designadas en el calendario, las temporadas espirituales varían en duración; pueden ser cortas o largas. La mayoría de nosotros experimenta múltiples temporadas espirituales en la vida a medida que Dios obra Sus planes a través de nosotros.

PARA MOVERNOS EN HABILIDAD DIVINA, DEBEMOS ESTAR BAJO EL CONTROL, INFLUENCIA Y AUTORIDAD DE DIOS.

En el libro de Eclesiastés, el Rey Salomón describe los ciclos de la vida en la dimensión de la tierra, diciendo: *"Todo tiene su tiempo, y todo lo que se quiere debajo del cielo tiene su hora"* (Eclesiastés 3:1). Hay tres palabras clave en este verso que usaré para explicar cómo Dios despliega nuestro llamado espiritual: *"temporada"*, *"tiempo"*, y *"propósito"*. Entender la relación entre estos elementos, así como sus diferencias, le ayudará a comprender cómo ellos funcionan en el plan de Dios para su vida. Vamos a explorar estas palabras en dirección opuesta: *propósito, tiempo, y temporada*.

PROPÓSITO

Comencemos por revisar la definición de "propósito", porque es importante para comprender los planes de Dios para nosotros en relación con los tiempos y las estaciones: *el propósito es la intención original para la cual alguien o algo fue creado*. Quienes que no conocen su propósito no estarán listos para sus temporadas. De hecho, usted tiene que conocer su propósito para tener derecho a participar en las temporadas correspondientes, y cumplirlo. Por lo tanto, podemos concluir que conocer y seguir su propósito le garantiza que recibirá sus estaciones. Cuando alguien está alineado con su propósito, sus temporadas están aseguradas.

TIEMPO

El "tiempo" se refiere al número de días que Dios nos da para vivir en la tierra. Es algo que corresponde estrictamente a la dimensión natural porque el tiempo es una unidad temporal. La Biblia dice que las primeras cosas pasarán. (Vea Apocalipsis 21:4).

Para muchas personas en nuestro mundo caído, el tiempo es simplemente un intervalo en el cual respiran, comen, duermen y trabajan. Pasan sus días sin esperanza y sin propósito. En la terminología de las prisiones existe una expresión usada para describir el periodo en que un prisionero debe permanecer encarcelado, excluido de la vida pública, como castigo por sus delitos. Se dice que están "cumpliendo un tiempo" o "sirviendo un tiempo" de condena. Los prisioneros permanecen encerrados por un periodo designado, el cual puede ser de meses o años. Mientras pagan la pena por sus delitos, aquellos que están encarcelados usualmente sienten como si estuvieran desperdiciando su tiempo, sin hacer nada constructivo, y sin perseguir un propósito. Existe un efecto similar a nivel espiritual. Cuando no tenemos un propósito en la vida, estamos simplemente "cumpliendo un tiempo", permitiendo que cada día que tenemos en la tierra pase sin que hagamos nada útil o sin que nada especial suceda. Es una existencia pesada y extenuante. Sin embargo, para aquellos que conocen su propósito, su tiempo en la tierra tiene significado porque es el período en el que atraviesan los procesos de aprendizaje y crecimiento que los llevan a cumplir ese propósito.

TEMPORADA

Una temporada espiritual es un periodo de días, meses o años que son distintos en sí mismos, pero también pueden unirse a otros periodos para formar un conjunto de temporadas relacionadas con un propósito. Es una etapa marcada por favor divino y eventos sobrenaturales; una época de paz, gozo, bendiciones, abundancia, gracia, unción, fe y amor.

Necesitamos reconocer que los tiempos y las temporadas son diferentes. Mientras el tiempo está relacionado con el mundo natural, las temporadas están marcadas por actividad sobrenatural. Mientras el tiempo es temporal, las temporadas nos son dadas por el Padre eterno para movernos hacia un propósito que tiene implicaciones eternas. Cuando alguien desconoce su propósito, no puede experimentar temporadas sobrenaturales. Por eso, su vida en la tierra transcurre como si estuviera cumpliendo una sentencia en prisión.

Podemos aprender a reconocer las temporadas espirituales en nuestras vidas, las cuales identificamos como señales divinas, tanto como identificamos las temporadas en el ámbito natural. Aunque los patrones del clima en el mundo físico no siempre concuerdan con las temporadas como lo indica el calendario, son la manera más común en que reconocemos una temporada en particular, especialmente en ciertas regiones del mundo. Cuando las hojas de los árboles empiezan a cambiar de color y a caer al suelo, sabemos que ha llegado el otoño. Cuando la temperatura baja a sus niveles mínimos, sabemos que hemos entrado en la temporada de invierno. Cuando los árboles comienzan a florecer de nuevo y las bandadas de aves regresan de los lugares a donde habían migrado en el invierno, sabemos que llegó la primavera. Cuando la temperatura sube a sus máximos niveles, sabemos que ha llegado el verano. Más adelante en este capítulo, hablaremos más sobre cómo identificar las temporadas en nuestras vidas.

APROVECHANDO AL MÁXIMO SU TEMPORADA

Es durante una temporada dada por Dios que podemos lograr lo que Él nos ha llamado a hacer durante ese período; no antes ni después. Podemos entender este concepto a partir de algunos ejemplos simples relacionados con el mundo natural. Si usted es un estudiante en un programa de grado en una universidad, debe aprovechar al máximo sus cuatro años en esa institución, sacando el mayor provecho posible durante ese tiempo concentrado de aprendizaje, porque después de graduarse continuará con otras metas, y no tendrá la misma oportunidad para dedicarse de lleno al estudio. Si usted es un padre de familia, tiene aproximadamente dieciocho años para criar a sus hijos en los caminos del Señor; después de eso, serán más independientes y usted no tendrá la misma influencia en sus vidas. En el ámbito del gobierno, alguien que es elegido presidente de los Estados Unidos tiene una temporada de solo cuatro años —ocho, si es reelegido—, para lograr sus objetivos y tal vez cambiar el curso de la nación.

En capítulos anteriores, mencionamos las vidas de Moisés y Jesús como nuestros ejemplos bíblicos principales de la manera como Dios usa los procesos en nuestras vidas para guiarnos hacia nuestro propósito. Después del nacimiento de Moisés, él pasó un periodo de cuarenta años en Egipto. Luego, fue procesado por cuarenta años más mientras servía como pastor en Madián, cuidando los rebaños de su suegro, Jetro. Ese fue un tiempo de autoevaluación y humildad para él. Cuando llegó la temporada principal de Moisés, ya tenía ochenta años. En ese momento, regresó a Egipto para liberar al pueblo de Dios a través de poderosos milagros y guiarlo por el desierto por otros cuarenta años.

Jesús fue procesado por treinta años antes de Su temporada de ministerio, la cual duró tres años y medio. Tenemos muy poca información sobre cómo fue la vida de Jesús antes de empezar Su ministerio. En esos treinta años, Él vivió una vida tranquila, fuera del ojo público. Pasó gran parte de Su tiempo ayudando a Su padre natural, José, en su negocio de carpintería. Durante ese periodo, nada extraordinario sucedió en Su vida, pero fue un tiempo de crecimiento personal y espiritual y de obediencia fiel a Su Padre celestial. Después, como sabemos, a la edad de treinta años, Jesús fue bautizado por Juan en el Río Jordán, y desde ese momento, comenzó su vida pública. Su temporada estuvo marcada por milagros, señales, y maravillas. En solo tres años y medio, Jesús cambió la historia de la humanidad.

Para ser exitosos, para dejar una marca en la sociedad y cambiar el mundo, tenemos que estar en una temporada divina. Hay personas más ungidas, más educadas, más inteligentes, más hábiles, más talentosas y capaces que otras; pero, debido a que todavía no han entrado en su temporada, no han podido cumplir por completo su propósito o moverse a la próxima etapa de ese propósito. Sin embargo, otros que son menos ungidos y talentosos pueden estar en la plenitud de su temporada divina, logrando grandes cosas afines a su propósito. Están en demanda porque tienen actualmente un favor especial de Dios. Una vez más, el propósito no tiene que ver tanto con nuestra habilidad como con nuestra disponibilidad y el calendario de temporadas de Dios para nosotros.

En mi caso, he pasado por diversas temporadas en mi vida. Ahora mismo, estoy en una nueva temporada, porque Dios me ha dado un nuevo manto, con mayor poder y autoridad. Como resultado, he visto un incremento explosivo de lo sobrenatural en mi ministerio. Al recibir este nuevo manto, entré en una nueva temporada de milagros, en la que lo "mega" —mayores y más grandes manifestaciones sobrenaturales, que superan toda expectativa— es lo que prevalece.

Cuando Dios me visitó y me dio ese nuevo manto, me dijo que Su propósito era darme acceso

LA GENTE SIN PROPÓSITO VIVE COMO PRISIONERA DEL TIEMPO, Y ES UNA VIDA EXTENUANTE.

a personas, lugares y cosas que antes no tenía. Hoy, estoy alcanzando cada vez mayor influencia con gente en las altas esferas de la política en los Estados Unidos, así como mayor influencia en otros países. Si yo he podido entrar en una nueva temporada, y caminar en la influencia y el poder que la acompañan, usted también puede. El requisito es comprometerse a hacer la voluntad de Dios, en lugar de perseguir el cumplimiento de su propia agenda.

PRINCIPIOS PARA EL PROPÓSITO Y LAS TEMPORADAS

Los siguientes son algunos principios esenciales relacionados con el propósito y las temporadas que debemos tener en cuenta.

LAS TEMPORADAS SE DAN CONFORME AL PROPÓSITO

Toda temporada comienza con la revelación del origen y el propósito. Si usted no sabe de dónde vino, no sabrá el propósito de su vida, o hacia dónde va, y no recibirá su temporada. No somos producto de explosiones siderales o del proceso evolutivo. Nuestro origen está en Dios. Somos creación divina; nuestro Padre celestial nos formó con Sus propias manos y planeó nuestro propósito desde el comienzo.

Entonces dijo Dios: Hagamos al hombre a nuestra imagen, conforme a nuestra semejanza; y señoree en los peces del mar, en las aves de los cielos, en las bestias, en toda la tierra, y en todo animal que se arrastra sobre la tierra. Y creó Dios al hombre a su imagen, a imagen de Dios lo creó; varón y hembra los creó. Y los bendijo Dios, y les dijo: Fructificad y multiplicaos; llenad la tierra, y sojuzgadla, y señoread en los peces del mar, en las aves de los cielos, y en todas las bestias que se mueven sobre la tierra. (Génesis 1:26–28)

Recuerde que a medida que pasamos por los procesos de Dios, comenzamos a identificar nuestro propósito individual. Donde no hay

SOLO DIOS SABE CUÁNDO COMENZARÁ NUESTRO TIEMPO Y CUÁNTO DURARÁ, PERO PODEMOS PREPARARNOS PARA ESO A TRAVÉS DE LA CONSAGRACIÓN A ÉL Y LA OBEDIENCIA A SU PALABRA.

propósito, no puede haber temporada de manifestación sobrenatural y bendición. Solo el conocimiento del propósito atrae lo sobrenatural, abre los cielos y hace que el Espíritu Santo derrame Su unción. Nunca recalcaré suficientemente que tenemos que conocer el propósito de Dios para nuestra vida. De lo contrario, simplemente esperaremos a que pase el tiempo, sintiéndonos cansados y aburridos, sin que ocurra algo nuevo y sin que avancemos.

Por otra parte, si no tenemos claro nuestro propósito, no reconoceremos cuando una temporada viene, ni entenderemos para qué debemos usarla. Cuando esto sucede, perdemos valiosas oportunidades. Hay personas que se ufanan diciendo: "Ésta es mi temporada", pero no entienden realmente el significado de esa temporada, y terminan perdiéndola. El propósito y las temporadas no vienen por sentir ciertas emociones ni por repetir algunas declaraciones de fe. Son revelaciones que vienen como consecuencia de tener una relación con Dios, la cual se establece al conocer nuestro origen en Él.

EL PROPÓSITO ESTÁ REGULADO POR TEMPORADAS

La razón por la que Dios estableció temporadas en el mundo natural fue para darle equilibrio y orden a la creación. Los seres humanos fuimos diseñados para experimentar cambios de una temporada natural a la otra. De manera similar, estamos diseñados para movernos de una temporada espiritual a otra, siempre en cumplimiento de nuestro propósito. "Cumplir un tiempo" no tiene que ser nuestra única opción en la vida. Si permanecemos en nuestro propósito y aprendemos a discernir las temporadas de la gracia y el favor de Dios, haremos proezas. (Vea Salmos 108:13).

LAS TEMPORADAS SON SOBERANAS O PROVOCADAS

Algunas temporadas llegan a nuestra vida solamente por la voluntad soberana de Dios. Sin embargo, el Señor también nos da la oportunidad de provocar temporadas. Si usted quiere provocar una temporada, siembre una semilla —invierta de alguna manera en el Reino de Dios— y permanezca a la expectativa. (Vea, por ejemplo, Lucas 6:38). Las temporadas vendrán a usted, pero de nuevo, si no las aprovecha, corre el riesgo de abortarlas o perderlas.

ALGUNAS TEMPORADAS VIENEN POR UNA PROVOCACIÓN EXTERNA

La mayoría de las personas prefiere vivir en su zona de comodidad. Solo algunos pocos se atreven a salir y ponerse en acción, aun cuando son provocados. Por ejemplo, la Biblia nos muestra que, aunque David amaba a Dios, el pequeño pastor no dejó de cuidar ovejas —ésa era su zona cómoda—, hasta que fue provocado por el gigante filisteo, Goliat, que desafiaba al ejército de Dios. Esa provocación fue lo que despertó en David el rey que dormía dentro de él. Ahora le pregunto a usted, ¿qué o quién lo está provocando? ¿Esa provocación es suficiente para despertar su propósito, o preferirá seguir "cumpliendo un tiempo"?

UN CAMBIO DE TEMPORADA TRAE NUEVAS CONEXIONES

Yo mismo he visto cómo cambia mi temporada luego de conocer a ciertas personas que Dios ha puesto en mi vida. Todas son personas con ciertas aptitudes o dones de Dios que ayudan a impulsar la efectividad y el alcance de mi ministerio. Tras cada nueva conexión, veo que se incrementa la bendición, el favor, la revelación, la fe, la unción y la prosperidad. Lo mismo que me sucede a mí, también le va a pasar a usted. Dios está trayendo a alguien a su vida en conexión con una nueva temporada, la cual cambiará la forma en que vive. Usted debe estar preparado para discernir o reconocer a esa persona o personas.

TODAS LAS TEMPORADAS DEBEN DISCERNIRSE

Para poder reconocer una temporada necesitamos el discernimiento del Espíritu Santo. Por eso es tan importante tener relación íntima con Dios. Su Espíritu puede abrir nuestros ojos espirituales para ver y reconocer las temporadas que el Padre manda a nuestra vida. Con nuestros sentidos naturales no podremos reconocerlas. A menos que agudicemos nuestros sentidos espirituales, siempre dudaremos cuando se presenten oportunidades divinas, y dejaremos pasar las temporadas. O, nos distraeremos con situaciones que, aunque parezcan venir de Dios, nos conducirán por callejones sin salida.

Hay un refrán que dice: "A cada quien le toca lo suyo", el cual se refiere a las preferencias, gustos e intereses individuales de la persona. En sentido espiritual, podríamos decir que "a cada quien le toca lo suyo" representa el propósito, llamado y asignación de un individuo; aquello por lo que es conocido, o a la larga será conocido. "Lo suyo" es su "nicho" en el mercado, la habilidad por la cual usted sobresale, el área en la que usted es experto, y así sucesivamente. Es esencial que usted aprenda a discernir qué es "lo

SI AÚN NO HEMOS ENTRADO EN NUESTRA TEMPORADA, NO PODREMOS CUMPLIR NUESTRO PROPÓSITO.

suyo" a medida que pasa a través del proceso de descubrir y prepararse para su propósito.

El propósito de Adán fue ser el primer hombre en gobernar el mundo. El llamado de Noé fue construir obedientemente un arca para preservar la raza humana durante el gran diluvio, aun cuando nunca antes había llovido sobre la tierra. La misión de José fue ser "primer ministro" de Egipto y preservar el linaje del Mesías durante un tiempo de terrible hambruna. El propósito de Moisés fue ser el líder y libertador del pueblo de Israel. El llamado del rey David fue ser un adorador cuyo corazón era agradable a Dios, y ser un guerrero que pelearía las batallas de Israel. La misión de Juan el Bautista fue preparar el camino para el Mesías. El llamado de María fue dar a luz al Hijo de Dios, *el primogénito de toda creación* (Colosenses 1:15), el Salvador del mundo. El propósito de Jesús fue pagar el precio de nuestra redención y devolver a la humanidad a la presencia del Padre. La consigna del apóstol Pablo fue predicar el evangelio del reino a los gentiles. Mi propio llamado es traer el poder sobrenatural de Dios a esta generación; ser un apóstol para el mundo, aprobado por Dios con manifestaciones de milagros, señales y maravillas.

¿Cuál es su propósito? ¿Cuál es la razón de su existencia? Si está cansado de simplemente existir en la tierra, prepárese para entrar en su temporada.

LAS TEMPORADAS COMIENZAN CON UNA OPORTUNIDAD Y REQUIEREN COMPROMISO

Cuando entramos en una temporada dada por Dios, las oportunidades se presentan en forma de lugares, cosas o personas; a mí me gusta llamarlas "conexiones divinas". Después que una oportunidad se presenta, tenemos que invertir en la misma. En la Biblia, un joven rico le preguntó a Jesús qué más tenía que hacer para heredar la vida eterna. Sin embargo, no estuvo dispuesto a hacer la inversión que Jesús le demandó —vender todas sus posesiones y seguir a Jesús—, así perdió la oportunidad que se le presentó. (Vea, por ejemplo, Mateo 19:16–22). En cambio, los discípulos de Jesús lo dejaron todo por seguir al Maestro. Jesús mismo invirtió todo para cumplir Su propósito. Dio Su propia vida para ganar acceso a Su mejor temporada, como el Salvador resucitado, redentor de la humanidad, que es Rey de reyes y Señor de señores, con toda autoridad en el cielo y en la tierra. (Vea Mateo 28:18). Ante los ojos de Dios, si no invertimos en nuestro propósito, mostramos que no estamos comprometidos con el mismo. ¡Cuando Dios le dé la oportunidad de entrar en su temporada, invierta en ella!

DEBEMOS ESTAR PREPARADOS Y EN CONDICIONES PARA UNA NUEVA TEMPORADA

¿Cómo nos preparamos para una temporada? Es muy similar a cómo nos preparamos para las estaciones naturales y las oportunidades de la vida. Cuando se acerca el invierno, guardamos nuestra ropa ligera y sacamos nuestra ropa abrigada. Puede que compremos botas o un abrigo nuevo. Cuando se acerca una temporada de competencia, los atletas comienzan un programa riguroso para mejorar su condición física. Cuando los estudiantes universitarios anticipan un nuevo período, se inscriben en cursos, compran libros y tal vez una nueva computadora portátil. Cuando una pareja está a punto de casarse, se prepara para su nuevo hogar buscando un apartamento o una casa, enviando invitaciones a aquellos con quienes desean compartir su día especial y acudiendo a un curso o consejería prematrimonial. Cuando se acerca la temporada de béisbol, los fanáticos comienzan a hablar sobre las perspectivas de su equipo favorito, sobre

CUANDO USTED NO CONOCE SU PROPÓSITO, NO CALIFICA PARA UNA TEMPORADA.

los nuevos jugadores que han aparecido en la escena, y compran boletos para los juegos a los que planean asistir.

Sí sabemos que Dios nos enviará una temporada sobrenatural, debemos estar preparados espiritualmente para ello. Debemos entender que, antes de llevarnos a la temporada en la que cumpliremos nuestro propósito, Dios transformará nuestro corazón y formará nuestro carácter. Cuando nuestro corazón es transformado, estamos listos para esa nueva temporada. Podemos cooperar con ese proceso desarrollando y fortaleciendo nuestra vida espiritual a través de oración, ayuno, lectura de la Palabra, buscando el rostro de Dios, rindiéndonos a Su voluntad, perdonando y recibiendo perdón, purificando nuestro corazón, haciendo pactos con Dios, aprendiendo de maestros bíblicos sólidos que puedan ayudar a nuestro desarrollo espiritual y construyendo relaciones con mentores y amistades valiosas, mientras hacemos a un lado las relaciones dañinas.

También podemos prepararnos para una nueva temporada mental y emocionalmente. Por ejemplo, si Dios quiere llevarlo a una temporada de expansión financiera, usted debe haber adquirido un cierto grado de conocimiento en el área de las finanzas y tener la experiencia necesaria para manejar un gran contrato. Cualquiera sea su propósito, debe estar preparado para una nueva temporada —para expandir su negocio, recibir un ascenso laboral, restaurar su matrimonio, restablecer las relaciones con sus hijos, entrar en una nueva dirección o expandir su ministerio, etcétera. La mayoría de la gente no se prepara; por lo tanto, no están en un estado espiritual, emocional, mental o físico para ingresar a la nueva temporada que les espera.

EL INICIO Y EL FINAL DE CADA TEMPORADA ESTARÁN MARCADOS POR PRUEBAS

Si usted ha sido probado, presionado y estirado, es una señal de que está a punto de entrar en una nueva temporada en la vida. Esas pruebas son la puerta a la próxima temporada para cumplir su propósito. O bien,

CUANDO ESTAMOS EN NUESTRA TEMPORADA ENTRAMOS EN DEMANDA, PORQUE DIOS HACE QUE CADA SEMILLA QUE SEMBRAMOS SE MUEVA A NUESTRO FAVOR.

podrían significar que una temporada en particular está terminando, y usted está siendo probado con respecto a lo que ha aprendido durante ese tiempo, y si su fe y confianza se mantienen firmes en Dios a pesar de la presión.

> *He entendido que todo lo que Dios hace será perpetuo; sobre aquello no se añadirá, ni de ello se disminuirá; y lo hace Dios, para que delante de él teman los hombres. Aquello que fue, ya es; y lo que ha de ser, fue ya; y Dios restaura lo que pasó.* (Eclesiastés 3:14–15)

Debemos servir a Dios fielmente durante nuestra temporada, haciendo buen uso del tiempo. Eso le mostrará a Él que somos capaces de manejar una temporada extendida u otra nueva temporada.

EL PROPÓSITO GARANTIZA LA TEMPORADA

Si usted está en su propósito, su temporada está garantizada. Solo tiene que entrar a ella con fe y comenzar a caminar en lo sobrenatural, cumpliendo el plan que Dios trazó para su vida en la tierra. Aunque el propósito pueda parecer imposible de cumplir, no debe temer, porque cada propósito tiene garantizadas las temporadas que harán posible su cumplimiento.

Si usted quiere que Dios envíe una temporada sobrenatural a su vida, donde vea milagros, señales, maravillas y los planes de Dios para su vida desplegándose, usted necesita entregarse a Él por completo y posicionarse preparando su corazón y mente. Solo así su matrimonio, sus hijos, su ministerio, su trabajo o negocio, sus finanzas, su iglesia y su ciudad marcharán en armonía con el propósito que Él les ha dado.

La siguiente oración puede guiarlo en este proceso. Por favor, hágala de corazón y en voz alta.

Amado Padre celestial, Te doy gracias por la revelación que he recibido en este capítulo. Entiendo que debo discernir y aprovechar las temporadas que me das, que me permitirán ver el cumplimiento de mi propósito. Sé que no siempre he reconocido las pruebas que vienen con una nueva temporada en mi vida y me he resistido a atravesarlas, lo que ha bloqueado mi progreso en el logro del propósito que Tú has planeado para mí. Hoy Te pido perdón, y clamo por una nueva oportunidad. Señor, moriré a mí mismo y pasaré el proceso, porque sé que viene una nueva temporada. Me comprometo a prepararme y a estar en condición de recibir lo que Tú quieres darme. Me comprometo, bajo la guía del Espíritu Santo a dar lugar a esas nuevas temporadas. Te pido, con todo mi corazón, que no permitas que siga perdiendo oportunidades que vienen de Ti. Ayúdame a discernir, reconocer y aprovechar cada recurso, don, oportunidad y persona que traes a mi vida, para entrar a nuevas temporadas y vivir en lo sobrenatural de mi propósito. No quiero seguir "cumpliendo tiempo". Quiero entrar en esa vida eterna donde la habilidad divina me capacita y empodera para extender Tu Reino en la tierra, y dejar un legado de vida, transformación y poder de Dios en este mundo. Oro esto en el nombre poderoso de Jesús. ¡Amén!

TESTIMONIOS DE HABER ENCONTRADO Y CUMPLIDO UN PROPÓSITO

DE PASTOR PERSEGUIDO A CONGRESISTA EN COSTA RICA

Cuando el Pastor Harllan Hoepelman Páez, de Costa Rica, se conectó con nuestro ministerio, empezó a entrar en su temporada. El poder sobrenatural de Dios se desató en su vida, su capacidad para cumplir su propósito fue fortalecida, y las promesas de Dios empezaron a cumplirse en todos los niveles. Hoy, es un hombre de Dios con gran influencia en la política de su país.

Mi nombre es Harllan Hoepelman Páez, y lidero una congregación en Costa Rica, la cual iniciamos hace nueve años, prácticamente solos, guiados por un sueño de Dios. Aunque enfrentamos múltiples obstáculos, fuimos venciéndolos uno a uno. Al conectarnos con el Ministerio El Rey Jesús, experimentamos un gran crecimiento. Primero, leí el libro del Apóstol Maldonado, *La gloria de Dios* y, tiempo después, leí *Cómo caminar en el poder sobrenatural de Dios*. Empecé a discipular a los miembros de la iglesia con ese material. En ese entonces teníamos quinientos miembros; hoy en día somos dos mil.

Antes de conectarme con el Ministerio El Rey Jesús, había estado a punto de cerrar la iglesia por la cantidad de contratiempos que nos ocasionaba no tener un lugar propio. Sin

NUESTRA FIDELIDAD A UNA TEMPORADA DETERMINARÁ SI DIOS LA RENOVARÁ.

embargo, Dios nos abrió una puerta de forma sobrenatural, conseguimos un terreno ubicado en una calle principal, con espacio suficiente para construir un templo con todas las comodidades que por años habíamos anhelado.

Después de completar la construcción, enfrentamos nuevos obstáculos debido al crecimiento vertiginoso de nuestra red de jóvenes. Nos convertimos en una molestia para los vecinos. El Ministerio de Salud y la municipalidad nos clausuraron el local varias veces. Esta situación generó un choque constante con las autoridades de la ciudad. Tuvimos que solicitar reuniones con representantes gubernamentales, empezando por el alcalde del distrito, las autoridades de salud y hasta diputados de la República de Costa Rica. Es aquí donde se inicia el plan perfecto que Dios tenía para mi vida. A raíz de las gestiones anteriores, un partido político cristiano vino a ofrecerme la oportunidad de representar a su partido como candidato para una oficina del congreso. Yo no tenía intenciones de incursionar en la política, menos de ser diputado, por lo cual rechacé la oferta. Mi enfoque siempre había sido el ministerio.

Sin embargo, quedó una inquietud en mi corazón y decidí orar al Señor sobre esta oportunidad. En respuesta a mi oración Dios me dijo: "Tienes que entrar por las puertas que te voy a abrir". La idea seguía pareciendo imposible. Históricamente, muy pocos congresistas cristianos han sido electos. Seguí orando durante las siguientes semanas y, para mi sorpresa, otro partido político también se acercó a ofrecerme la candidatura como diputado. Días más tarde, asistí a una reunión de pastores en Ciudad de México. Mientras orábamos, un pastor se me acercó y me dio una palabra. Sin saber nada de lo que estaba ocurriendo, me dijo exactamente qué propuesta debía aceptar. Apenas regresé a Costa Rica, obedecí la voz de Dios.

NO HAY PROPÓSITO SIN UNA TEMPORADA; Y NO HAY TEMPORADA SIN UN PROPÓSITO.

Faltando solo diez días para que concluyera el plazo de inscripción, acepté la oferta del segundo partido político que me había visitado, que también era un partido político cristiano. Humanamente, hubiese sido imposible para mí resultar electo, porque además de que el partido ocupaba el tercer puesto en la provincia de San José, nunca un partido político cristiano había obtenido más de una escaño del congreso en la capital. Pero, el Espíritu Santo trajo una temporada de gracia sobrenatural y el candidato a presidente de Costa Rica por nuestro partido, logró, en una semana, ascender del octavo al cuarto puesto en las encuestas de opinión pública, y a la semana siguiente, estaba en el segundo lugar. Milagrosamente, en las elecciones nacionales, por primera vez en la historia de nuestro país, nuestro partido logró catorce diputados cristianos a nivel nacional.

En la actualidad, el 25 por ciento de los diputados son cristianos. Nos encontramos muy fortalecidos en el Señor, y confiamos que nuestro arduo trabajo en el parlamento dará como resultado que Costa Rica tenga su primer presidente cristiano en las elecciones de 2020. Con esta plataforma gubernamental, planeamos fortalecer los principios cristianos y los valores que nuestra nación ha estado perdiendo. Además, esta oportunidad en el gobierno nos ha abierto la posibilidad de presentarles a Jesús a otros diputados.

Nos reunimos con el presidente de la República en diversas ocasiones, y pudimos orar por él y bendecirlo.

Lo más importante es que el trabajo en el gobierno no ha afectado mi labor como pastor, que sigue siendo mi prioridad. En los últimos cuatro años, nuestra iglesia ha aplicado muchos de los principios espirituales que el Apóstol Maldonado implementa en su ministerio. Uno de ellos es el "Ayuno de rompimiento de 21 días", el cual ha desatado muchos milagros de sanidad, restauración de matrimonios, cancelación de deudas, financiamiento para la compra de casas y vehículos; y provisión de trabajos. El modelo de intercesión desarrollado por la Profeta Ana Maldonado se ha convertido en una poderosa arma de batalla que ha impulsado nuestro ministerio, trayendo revelación de la Palabra y crecimiento de la iglesia. Hoy puedo afirmar que el poder sobrenatural de Dios se ha manifestado de una manera acelerada y explosiva sobre nuestra vida y Su gracia me ha permitido experimentar Su voluntad "buena, agradable y perfecta". (Vea Romanos 12:2).

DE UNA INFANCIA DE ESCASEZ A LAS GRANDES LIGAS

La carrera de Carlos Zambrano como lanzador (pitcher) de las Grandes Ligas de Béisbol es conocida en el mundo entero. A través de distintas temporadas en su vida, el Señor lo ha llevado hasta su verdadero propósito como líder del Reino de Dios, para "lanzar" el evangelio al mundo deportivo. El siguiente es su testimonio:

De pequeño, creciendo en una pequeña villa en Venezuela, tenía dos grandes sueños: jugar en las Grandes Ligas de Béisbol de los Estados Unidos y ser usado por Dios para predicar y ministrar a multitudes. Mi vida no era muy fácil y sabía que la posibilidad de llegar a las grandes ligas era muy lejana. Durante ese tiempo, buscaba mucho a Dios. Me crié en un hogar cristiano y asistía a una iglesia, y siempre supe que Dios tenía un propósito para mi vida. Así que, a los trece años, decidí seguir uno de mis sueños, y entré a un equipo de béisbol. Al principio no era muy bueno, pero tenía pasión por ese deporte. Un día, en medio de un juego, me eligieron como lanzador. Recuerdo que lancé la pelota con todas mis fuerzas, y vencimos al otro equipo con ese lanzamiento. Cuando el juego terminó, un hombre que había asistido como espectador se acercó a mí y me dio algunos consejos que me ayudarían a delinear mi carrera. Me dijo que tenía un don como lanzador y que debería cambiarme a esa posición

TODO LO QUE SE HACE POR NECESIDAD TIENE UN EFECTO TEMPORAL, MÁS LO QUE SE HACE CONFORME AL PROPÓSITO DE DIOS TIENE UN SIGNIFICADO ETERNO.

en el campo. Después de eso, comencé a trabajar más y más en mi estado físico, entrenándome como lanzador.

Aunque tenía un talento natural para el béisbol, ha habido ocasiones en mi vida en las que Dios ha usado a otros para ayudarme a ver lo que Él ve en mi: Su propósito. En mi vida, cada nueva temporada ha estado marcada por gente que me ha dado la palabra justa. Finalmente, me convertí en un famoso lanzador de béisbol jugando en las ligas mayores para los Cachorros de Chicago y los Miami Marlins. Lamentablemente, persiguiendo mi sueño de ser jugador profesional de béisbol, olvidé mi otro sueño, que era ser usado por Dios para predicar Su Palabra. Aunque mi esposa asistía a la iglesia, yo me había desviado de los caminos de Dios y había perdido mi comunión con Él. Empecé a salir a discotecas, a beber alcohol y me alejé por completo. Sin embargo, a pesar de estar hundido en el pecado, Dios no dejaba de mostrarme Su amor incondicional.

Un día, estando en Guatemala, de repente, me sentí mareado, mi corazón comenzó a latir irregularmente y mi presión sanguínea subía y bajaba, parecía estar al borde de la muerte. De inmediato me vieron los médicos del club de Chicago. Me hicieron todo tipo de pruebas, pero no encontraron nada malo en mi salud física. Sin embargo, yo seguía sintiéndome enfermo; me sentía como si estuviera bajo un enorme estrés. Al regresar a Venezuela, fui a ver a mi médico personal, un profesional cristiano que conoce tanto el aspecto médico como el espiritual de la vida, y pude entender lo que me estaba pasando. Él me dijo: "Carlos, hemos hecho todos los exámenes y físicamente no hay nada mal. Lo que te está pasando es espiritual, mi amigo. Dios te está llamando y te está dando una oportunidad".

Esas palabras iniciaron una transformación en mí que me llevaría a buscar a Dios y aprender acerca de Su Reino. La decisión de aceptar a Cristo en mi corazón y dejarlo vivir en mí es la decisión más grande que he hecho en mi vida. Antes de eso, vivía enfocado en las cosas materiales y las vanidades, pero no tenía paz; siempre estaba enojado y estresado. Recibir a Cristo y Su amor fue lo mejor que me pudo pasar; mejor que ganar el premio Cy Young (premio anual al mejor lanzador en las Grandes Ligas del béisbol) o el campeonato mundial de béisbol. Nada se compara con el amor de Dios en mi corazón.

Hoy en día, mi familia es feliz, y tengo paz en mi corazón, sabiendo que Dios dirige mi vida. Nunca más volví a sentir que estaba a punto de morir, porque tengo una relación íntima y permanente con Dios. Pero también, tuve que reconocer que no puedo hacerlo todo solo. Oré a Dios por un mentor, alguien que fuera un modelo para mí en Cristo, y que me corrigiera. Entonces, me invitaron a un Encuentro Sobrenatural en Caracas, Venezuela en donde predicaría el Apóstol Maldonado. El apóstol me dio una palabra de parte de Dios acerca de algo que nadie más sabía, y a partir de allí se convirtió en mi padre espiritual y mentor. Él me enseñó que hay una delgada línea entre una carrera y un llamado, y creo que, después de todos mis logros en el campo de béisbol, Dios me ha llamado a ser un líder en Su Reino, para ministrar lo que Él ha impartido a mi vida. Ahora, mi segundo sueño se está cumpliendo. Soy un pastor enviado por el Apóstol Maldonado a mi país natal Venezuela, y hemos establecido una iglesia allí. También ejerzo mi llamado pastoral compartiendo con otros beisbolistas profesionales lo que Dios me ha enseñado en esta temporada de mi vida, ministrando sus corazones con el amor de Dios, orando por sus familias y dejando un legado en la tierra, para la gloria de Dios.

Mi mejor amigo, que creció conmigo, ahora es mi discípulo y está a cargo de una Casa de Paz en Venezuela, con más de trescientas personas, la cual está conectada a nuestra iglesia. Cuando yo no estoy en Venezuela, él dirige y se encarga de todo en la iglesia.

Mi amigo también tiene un testimonio sobre el poder sobrenatural de Dios. Al siguiente día que el Apóstol Maldonado me había ministrado en el Encuentro Sobrenatural en Caracas, mi amigo y su esposa acordaron ir conmigo a otra reunión. En ese momento, ellos estaban separados. Mi amigo estaba viviendo con sus padres y su esposa vivía con su madre, y estaban en proceso de divorciarse. No querían tener nada que ver el uno con el otro. Sin embargo, durante esa reunión, el Apóstol Maldonado los llamó adelante y les ministró. El apóstol no sabía que ellos estaban a punto de divorciarse, pero les dio una palabra de Dios, diciendo que el Señor iba a restaurar su matrimonio. Hoy, la familia de mi amigo está completamente restaurada. Él y su esposa tienen un hermoso matrimonio y juntos le sirven a Dios.

VIVIENDO PARA UN PROPÓSITO

LA PERSONA EN NECESIDAD CONSTANTE SIEMPRE SERÁ INMADURA, PORQUE SU NECESIDAD LA VUELVE EGOÍSTA.

6

VIVIENDO PARA UN PROPÓSITO

La mayoría de personas acostumbran a tomar decisiones en su vida en base a sus necesidades inmediatas y pasajeras, y no conforme a su propósito dado por Dios. Esto las lleva a tener una existencia caracterizada por la escasez, porque gastan la mayoría de su tiempo enfocados en qué comer, qué vestir, dónde vivir, cómo proveer para su familia, cómo pagar la educación de sus hijos, etcétera. Esa mentalidad ha sido bien aprovechada por estrategas de mercadeo, quienes se especializan no solo en exagerar estas necesidades, sino también en crear un rango de nuevas necesidades percibidas para que las personas se enfoquen en ellas.

Un gran número de personas, incluyendo a los cristianos, viven en una burbuja de consumismo, donde la meta más importante es poder adquirir todo lo que quieren. Si no tienen el dinero, ¡para eso están las tarjetas de crédito! Por eso vemos a la gente trabajando duro para obtener el automóvil del año, el último teléfono o computadora, vacaciones en lugares exclusivos, ropa de diseñador, la casa de sus sueños y cualquier otra cosa que refleje un buen estatus económico. Esta es una de las razones por las que abundan las deudas personales que vemos en el mundo hoy. Es también algo que contribuye a la pobreza.

Tristemente, la iglesia en general no está haciendo la diferencia para cambiar las actitudes de las personas respecto a la escasez y el

DIOS VA A NUESTRO ENCUENTRO EN EL LUGAR DE NUESTRA NECESIDAD, PERO NOS SUPLE EN EL PUNTO DE NUESTRA FE.

consumismo. Algunos pastores predican mensajes que sirven las mismas prioridades distorsionadas, en lugar de promover una renovación en la mente de las personas, enseñándoles cómo cumplir su propósito. Si las personas continuamente escuchan mensajes desde el púlpito sobre su necesidad o sobre cómo deben ir tras las bendiciones materiales, empezarán a tener comunión con la escasez y a alimentarse de ella, volviéndose cada vez más necesitadas. Después, cuando llegan a escuchar un mensaje sobre el propósito, sienten que ese mensaje no aplica para su vida, sino para las de otros.

Aquellos que constantemente luchan con sus finanzas no pueden crecer ni prosperar. Tampoco tienen ganancias adicionales u otras fuentes de ingresos que les permita dar para la obra de Dios. Quedan atrapados en un círculo vicioso que los lleva a enfocarse en satisfacer sus necesidades; por eso no tienen tiempo para perseguir y cumplir su propósito. Sin duda, ¡ésta es una estrategia del diablo!

Por esa razón, cada vez que tengo la oportunidad de reunirme con pastores y otros líderes que están bajo mi cobertura espiritual, los insto a que cambien su manera de predicar. Les pido que dejen de enfocarse en las necesidades del pueblo, porque ya la gente las conoce bien. Al contrario, los urjo a que comiencen a enseñar acerca de los principios que rigen el propósito de Dios, para que la mentalidad de la gente sea transformada y sus necesidades sean suplidas.

No quiero que me malentienda. En la vida cotidiana, muchas de nuestras necesidades tienen un trasfondo económico, pero hay, por supuesto, otras preocupaciones vitales. Con esto no quiero decir que debemos ignorar las necesidades de los que sufren dificultades financieras o cualquier otro problema, como una enfermedad o depresión. Jesús nos manda a tener compasión por los necesitados, a orar por ellos y ayudarlos. Muchas personas llegan al Ministerio El Rey Jesús con necesidades físicas, financieras, emocionales, mentales o espirituales. ¡Todo esto lo atendemos debidamente! Damos comida al hambriento, visitamos los enfermos, ministramos en las prisiones y hacemos obras sociales. Pero, sin duda alguna, la mayor de las necesidades que la gente tiene es un vacío en su alma que solo puede ser llenado por Dios. Por eso, después de suplir sus necesidades inmediatas, no podemos detenernos ahí; debemos empoderarlos para que conozcan a Dios y prosperen en todas las áreas de sus vidas. Tenemos que enseñarles acerca de su propósito y guiarlos a salir del círculo de la necesidad y a entrar en los planes de Dios para ellos.

A MERCED DE LA NECESIDAD

Mientras una persona no entre en su propósito, siempre estará a merced de su necesidad. Tristemente, muchas organizaciones religiosas y seculares son movidas exclusivamente por el deseo de darle solución a la escasez de la gente. No han tenido la revelación de que el reino de Dios avanza cumpliendo propósitos, no supliendo necesidades. Su manera de abordar el problema restringe la provisión divina, ya que la capacidad de las personas para recibir sigue siendo reducida; se limitan a sus necesidades inmediatas, y no pueden obtener la abundancia que Dios desea darles.

La persona que vive de acuerdo a sus necesidades a menudo se vuelve egocéntrica, incluso egoísta. La necesidad se convierte en su ídolo, porque primero busca satisfacer su propia necesidad, mientras descuida los asuntos del reino. La Biblia dice, *"No os afanéis, pues, diciendo: ¿Qué comeremos, o qué beberemos, o qué vestiremos? [...] Mas buscad primeramente el reino de Dios y su justicia, y todas estas cosas os serán añadidas"* (Mateo 6:31, 33).

A menudo, la necesidad nos lleva a buscar a Dios. Pero, por lo general, Dios no se mueve motivado solamente por la necesidad; sino que Él se mueve donde hay fe. (Vea, por ejemplo, Hebreos 11:6). Dios tiene abundancia infinita, mientras que los seres humanos tenemos grandes necesidades debido a nuestra naturaleza caída y al mundo caído en el que vivimos. El punto de encuentro entre la abundancia de Dios y la necesidad del hombre es un lugar en la eternidad llamado "altar". En ese lugar, podemos ser liberados de depresión, enfermedad, odio, celos, deseos de venganza, pensamientos suicidas, vicios de todo tipo, escasez, deudas, pobreza, miedos, persecución, incredulidad, vacío interior, soledad, angustia, y mucho más. En el altar, Dios suple todas las necesidades humanas, no para que nos quedemos en ese punto, sino para que podamos ser libres para cumplir nuestro propósito.

Todos tenemos diferentes tipos de necesidades. Así es y será mientras vivamos en la tierra. Pero tenemos que recibir la revelación de que Dios *suplirá* todas nuestras necesidades. Una vez que estas necesidades hayan sido cubiertas, no podemos permanecer presos de una mentalidad basada en la necesidad. Tenemos que aprender a vivir por un propósito. La Biblia es enfática al afirmar: *"Mi Dios, pues, suplirá todo lo que os falta conforme a sus riquezas en gloria en Cristo Jesús"* (Filipenses 4:19). La vida realmente comienza cuando empezamos a cumplir el propósito de Dios. Nunca sacrifique su propósito por su necesidad.

QUIENES VIVEN EN NECESIDAD CARECERÁN DE ACCESO A LA PROVISIÓN, PORQUE ESE ACCESO ESTÁ CONECTADO A SU PROPÓSITO.

Muchas personas van a la iglesia buscando solución a sus necesidades inmediatas, ya sean espirituales, financieras, físicas o emocionales. Lamentablemente, una vez que sus necesidades son suplidas, muchos de ellos dejan de congregarse. Sienten que hicieron un gran esfuerzo consiguiendo lo que necesitaban, y que ya no tienen otra razón para estar ahí.

Por eso, algunas personas cuando reciben una bendición dicen, "¡Maravilloso, ya no tengo que seguir haciendo guerra espiritual!" Cuando reciben sanidad, declaran, "¡Ya puedo dejar de ayunar y de buscar a Dios!" Cuando finalmente establecen un negocio o cierran un lucrativo contrato de ventas, piensan: "¡De verdad que soy muy talentoso! ¡Ya no necesito la ayuda de Dios!" Después que su matrimonio es restaurado, que sus hijos vuelven a casa o que los conflictos familiares cesan, dicen: "¡Se acabaron los problemas! ¿Para qué seguir clamando a Dios?" Incluso, hay quienes dicen, "Ahora, voy a dejar a Dios tranquilo, para que atienda a otros que necesitan Su ayuda más que yo".

Esas personas no entienden lo esencial que es desarrollar una relación íntima y personal con Dios; pero además, apoyar y recibir el apoyo de otros cristianos. Sin embargo, quienes entienden las prioridades de Dios reconocen que, mientras asisten a los servicios de adoración, cada vez que reciben entrenamiento en un discipulado, o cuando entran en una franca relación mentor-discípulo con un creyente maduro, aprenden a amar a Dios con todo su corazón, alma, y mente. Es ahí donde Dios los fortalece para cumplir su propósito.

Si usted nunca recibe la revelación de su propósito, continuará pensando que debe buscar a Dios solo cuando tiene una necesidad que no puede satisfacer por su cuenta. Pero ese es un estilo de vida en el que usted simplemente "sirve tiempo" y nunca vive en el gozo del Señor ni en las temporadas de abundancia que Dios tiene preparadas para usted.

CUATRO ETAPAS DE VIVIR PARA UN PROPÓSITO

A medida que entendemos y vivimos en nuestro propósito, comúnmente pasamos por las siguientes cuatro etapas, a través de las cuales Dios nos lleva a cumplir los planes que tiene para nosotros.

UNA VIDA BASADA EN LA NECESIDAD

Como mencioné anteriormente, toda persona sobre la tierra siempre estará sujeta a necesidades espirituales, emocionales, mentales, físicas, materiales, relacionales, o de algún otro tipo. Sabemos que las necesidades forman parte de la vida diaria. Pero ¿por qué tenemos necesidades? Antes de la caída, los seres humanos vivían un estilo de vida sobrenatural. En el Edén, todas sus necesidades estaban cubiertas. Aun así, Adán y Eva desobedecieron a Dios, rompiendo su comunión con Él y con Su Espíritu. Cuando la raza humana cayó, la enfermedad, la pobreza, el hambre y la esclavitud se convirtieron en cosa común.

¿Acaso Dios no puede suplir las necesidades de Su creación? Amado lector, Dios tiene más que suficiente para suplir todas nuestras necesidades. Sin embargo, nuestro pecado nos separa de Él. El segundo Adán —Jesucristo, el Hijo de Dios— vino a la tierra a restaurar nuestra comunión con el Padre. A través de Su muerte y resurrección, Jesús nos permite ser perdonados y permanecer cerca a Dios, para que así todas nuestras necesidades sean suplidas. *"Porque separados de Mi nada podéis hacer"* (Juan 15:5). Ahora, podemos entrar confiadamente al trono de la gracia de Dios, *"para alcanzar misericordia y hallar gracia para el*

DIOS TIENE MÁS QUE SUFICIENTE PARA SUPLIR TODAS NUESTRAS NECESIDADES.

oportuno socorro" (Hebreos 4:16). Como Padre, Dios quiere suplir lo que nos hace falta. Él no quiere que pasemos necesidades, sino que vivamos conforme a nuestro propósito. No obstante, la mayoría de la gente se queda en la etapa de la necesidad toda su vida y no pasan a la fase siguiente.

RECIBIENDO MILAGROS

Dios, en Su infinita misericordia envió a Jesús para reincorporarnos al ámbito de lo sobrenatural. Sin embargo, si no entramos en nuestro propósito, seguiremos experimentando los efectos de vivir en un estado de "hombre caído". Cuando el apóstol Pablo entró en su propósito, su vida dio un giro de 180 grados. Aunque pasó por varias temporadas, todas estuvieron marcadas por dos elementos: la predicación del evangelio del reino y la manifestación del poder de Dios por medio de milagros. (Vea, por ejemplo, Hechos 19:11).

Todos necesitamos algún tipo de milagro en nuestra vida, y Dios quiere llevarnos de la escasez a Su provisión milagrosa. Nadie puede recibir un milagro abrazando una religión, porque la religión no provee la fe ni el poder para hacer que el milagro suceda. Solo Dios puede y quiere hacer un milagro en su vida, ahora. ¡Los milagros todavía suceden! ¡Crea por uno! Es más, lo reto a que incluya la palabra *milagro* en su vocabulario. Dice la Escritura que *"Jesucristo es el mismo ayer, hoy, y por los siglos"* (Hebreos 13:8). Esto quiere decir que, si Jesús hizo milagros en el pasado, los hará hoy y los seguirá haciendo por siempre. Debemos entender que Dios no quiere que recibamos simplemente milagros aislados en nuestras vidas. Él quiere que vivamos en el poder de lo sobrenatural de manera continua. Pero esto solo puede suceder cuando entramos en nuestro propósito.

DESCUBRIENDO EL PROPÓSITO

Dios nos conoce por nuestro propósito, no por nuestra necesidad. La persona que vive en necesidad siempre estará a merced de las tentaciones y ataques del enemigo. Pero quien vive alineado a su propósito puede resistir al diablo (vea Santiago 4:7), porque sabe quién es, y Dios lo respalda porque hace Su voluntad.

Aquellos que viven según los planes de Dios no pierden tiempo tomando decisiones basadas en su necesidad. Más bien, sus decisiones están basadas en su propósito. No se conforman a las palabras erróneas o negativas que otras personas dicen de ellas; sino que viven según lo que Dios dice de ellos. Nadie puede sabotearlos, no importa qué tanto lo intenten. El individuo que camina en su propósito es más poderoso que sus opositores; por eso, a ese tipo de personas nadie les puede prohibir crecer ni hacer la voluntad de Dios.

VIVIENDO EN PODER

Cuando vivimos conforme a nuestra necesidad, siempre buscamos soluciones rápidas. Si sufrimos una crisis, todas las alarmas se disparan y el problema captura nuestra total atención. Después buscamos a alguien que nos pueda sacar de nuestro dilema. Como ya hemos visto, la mayoría de las iglesias solo intentan "calmar" las necesidades de la gente, porque carecen de poder sobrenatural para ofrecer soluciones definitivas. Por eso, mucha gente permanece en un estado de escasez, incapaces de hallar una respuesta adecuada a sus necesidades. Se les impide pasar a la siguiente etapa, donde podrían recibir milagros por fe, y a las etapas subsiguientes, donde podrían comenzar a vivir su propósito y ser llenos del poder de Dios.

CAMINAR EN NUESTRO PROPÓSITO ES VERNOS A NOSOTROS MISMOS COMO DIOS NOS VE.

El poder de Dios es la respuesta a todos sus problemas, porque es ilimitado y eterno. Va por encima y más allá de la razón, la educación, la ciencia y las leyes naturales. Sin el poder de Dios, no podemos cumplir nuestro propósito, suplir las necesidades de otros, dejar un legado, o transformar generaciones. Solo el poder de Dios puede vencer las circunstancias imposibles que los seres humanos enfrentamos.

Entonces, la etapa máxima en la que puede vivir un ser humano es aquella en la que experimenta el poder continuo de Dios en su vida. Esa etapa pertenece al ámbito de lo sobrenatural, donde podemos vivir conforme al diseño de Dios. Es donde se cristaliza el cumplimiento de nuestro propósito.

Debemos hacer la transición de una mentalidad de necesidad a una perspectiva de propósito. Quien toma el camino del propósito deja la mediocridad atrás y se mueve hacia la excelencia; pasa de la pobreza a la prosperidad y de la escasez a la abundancia. Vivirá en el ámbito de la eternidad a medida que progresa en los planes de Dios para su vida. Cuando caminamos en nuestro propósito vivimos en superávit —en exceso o sobreabundancia—, porque tenemos acceso a la provisión que Dios ha asignado a nuestro llamado en la tierra. Cuando usted se conforma con solo suplir sus necesidades, esencialmente está descartando su superávit para vivir en escasez. De hecho, apenas suple una necesidad, pronto aparecerá otra, porque usted solo sabe vivir de necesidad en necesidad.

EL REINO VERSUS LA NECESIDAD

El reino de Dios nunca deja de avanzar, crecer y desarrollarse; siempre está en modo de expansión porque ésa es la prioridad de Dios. Todo exceso monetario que Él nos da siempre será para financiar la expansión del reino de Dios en la tierra, la predicación del evangelio y el "incremento de Su paz" (vea Isaías 9:7); hasta que cada persona haya oído hablar de Cristo y Su reino. Dios no nos prosperará solo para suplir nuestras necesidades. Él nos prosperará cuando comencemos a expandir Su reino y predicar Su evangelio (vea Mateo 6:33). Quiere decir que nuestro propósito siempre estará íntimamente ligado al avance del reino. Cuando entendemos esa revelación, nunca más experimentaremos escasez. Desafortunadamente, para muchas personas, sus necesidades son más importantes que el reino de Dios. Por eso permanecen en un ciclo de escasez, viviendo cada día solo para suplir sus necesidades.

En la cruz, Jesús pagó por todas nuestras necesidades. Quiere decir que ¡hace más de 2000 años, la provisión de Dios está disponible para nosotros! Antes de la fundación del mundo el Padre nos dio propósito. De hecho, antes de la fundación del mundo, el Padre nos dio un propósito y proveyó para nosotros. (Vea Efesios 1:4–5). Hay un propósito y un territorio asignado específicamente para usted, que no compite con el de nadie más. ¿Está usted gobernando su territorio conforme al propósito que Dios le dio? ¿Complacer a Dios y avanzar Su reino es su primera prioridad? Cuando usted está alineado a los planes de Dios, su propósito siempre será más grande que su necesidad. Cuando usted cumple su propósito, El Shaddai, el Dios Todopoderoso, ¡pelea a su favor!

Así que, si obedecemos a Dios y nos enfocamos en el avance de Su reino, todas nuestras necesidades serán suplidas. Cuando ponemos primero a Dios —incluyendo Su reino, Su evangelio y nuestra relación con Él—, veremos exceso y abundancia en todas las áreas de nuestra vida.

EL PLAN DE DIOS ES LLEVARNOS A CONOCER NUESTRO PROPÓSITO Y SUPLIR TODAS NUESTRAS NECESIDADES CON SU PODER SOBRENATURAL.

¿POR QUÉ SERÁ CONOCIDO?

¿Por qué será conocido usted en la tierra; por ser una persona de propósito o alguien en constante necesidad? Sería trágico que el único registro que dejemos en la tierra sea uno de necesidad. ¿Es usted alguien que siempre necesita que le den o alguien que tiene algo para dar? ¿Es usted alguien que siempre carece de algo o alguien que es capaz de producir exceso para suplir lo que a otros les hace falta?

Oro para que usted rompa con la mentalidad de necesidad y haga la transición a la perspectiva de reino, motivado por un deseo de expandir el reino de Dios y servir a otros. Avanzar el reino es traer el cielo a la tierra. Es manifestar el poder sobrenatural de Dios a toda persona y situación. Es llevar a la gente a la salvación y al cumplimiento de los propósitos de Dios para ellos, a fin de que Cristo pueda ser glorificado. Es traer el cielo a la tierra, impactando individuos, familias, ciudades y naciones con la paz, el amor y la provisión de Dios.

¡Es tiempo de incremento! Cuando estamos en nuestro propósito, la unción del incremento siempre está obrando en nosotros. Hoy, Dios quiere que vivamos en Su vida eterna; una vida plena, satisfactoria, llena de gozo, paz, amor y un sentido de pertenencia y destino. No tenemos que esperar a morirnos para tener vida eterna; ¡podemos disfrutarla aquí y ahora!

Si usted ha recibido esta revelación sobre vivir conforme al propósito para el cual fue creado, yo quiero orar por usted ahora:

Dios Padre, oro para que suplas cada necesidad que tienen mis lectores. Declaro que si sus cuerpos están enfermos, ahora mismo reciben sanidad. Declaro que si están deprimidos, desanimados o afligidos, son libres ahora. A quienes les falta un órgano u otra parte de su cuerpo, yo declaro que lo que les falta es creado ahora; hay nuevos hígados, nuevos riñones, nueva piel y hasta nuevos huesos. Para los que necesitan un milagro en su familia, declaro que lo reciben ahora. Para quienes necesitan un milagro financiero, envío la Palabra y declaro que eso está hecho ahora. Para los que están heridos y ofendidos, con dolor en el alma, declaro que reciben sanidad interior ahora. Ato y echo fuera todo espíritu de odio, ira, rencor y culpabilidad; y desato el amor de Dios sobre ellos, ¡ahora! Destruyo la mentalidad de mediocridad. Rompo todo esquema del enemigo contra ellos y cualquier otra cosa que esté deteniéndolos. Declaro que a partir de hoy ¡todos caminarán en su propósito! En el nombre de Jesús, amén.

En este momento, toda necesidad está siendo suplida, así que tome la decisión de vivir para su propósito. Yo estoy empoderado para ser exitoso en mi trabajo, negocio, familia y ministerio, porque vivo para el propósito que Dios me dio. Hoy, yo desato ese mismo estilo de vida sobre usted. Sea empoderado para prosperar en toda área de su vida. Busque el reino de Dios primero. Busque a Dios en todo lo que haga y todo lo que necesita le será provisto. Busque la revelación de su propósito para que su vida pueda ser plena y feliz. Hay un nivel más alto de vida que el de existir simplemente para asegurarse de tener techo, ropa y comida para usted y su familia. Viva para su propósito, expanda el reino y permita que Dios supla todo lo que usted necesita.

CUANDO UNA PERSONA ENCUENTRA SU PROPÓSITO, TAMBIÉN ENCUENTRA SU PROSPERIDAD.

TESTIMONIOS DE HABER ENCONTRADO Y CUMPLIDO UN PROPÓSITO

UNA VIDA DE PROPÓSITO EN CONSULTORÍA DE FINANZAS

Janelle se conectó con el Ministerio El Rey Jesús durante un evento que realizamos en Malasia. El poder sobrenatural de Dios despertó en ella el propósito para su vida y hoy es una empresaria exitosa. Este es su testimonio:

Asistí con un grupo de amigos a un evento en Kuala Lumpur, Malasia, conducido por el Apóstol Guillermo Maldonado. Pensamos que era un hecho trascendental realizar una cruzada cristiana en un estadio musulmán, así que teníamos que estar allí. Realmente creíamos que nuestros dones eran en la esfera del servicio a otros, así que teníamos la expectativa de ser activados en ellos. En esa conferencia fuimos testigos del poder de Dios, y vimos cómo se creaba una atmósfera de milagros. ¡Y los milagros sucedieron! Los testimonios nos impactaron grandemente. Un hombre había permanecido mudo por 33 años. Había nacido sordo del oído derecho y tenía solo 15 por ciento de audición en el oído izquierdo. La única manera como se comunicaba era a través del lenguaje de señas y ciertos dispositivos. Durante el encuentro, después de recibir un comando de fe, Dios le creó a ese hombre tímpanos nuevos y, el mismo día pudo emitir sus primeros sonidos vocales. ¡Pero eso no fue todo!

Una mujer testificó que sufrió un derrame cerebral que le dejó graves secuelas. No podía caminar y tenía una falla renal severa. Pero durante el tiempo de oración, el Apóstol Maldonado envió una palabra de sanidad y ella pudo levantarse de su silla de ruedas y ponerse de pie por sí misma. ¡Fue algo glorioso! Además, fuimos testigos del mover del Espíritu Santo. El impacto

NUESTRAS PRIORIDADES DETERMINAN EL FLUJO DE NUESTRA VIDA; SI NO ESTÁN ALINEADAS CON DIOS, HABRÁ DESORDEN, CAOS, CONFUSIÓN Y CARENCIA.

en nosotros fue tal que queríamos ir más allá de esa experiencia. Viajamos a los Estados Unidos para recibir entrenamiento en la Escuela del Ministerio Sobrenatural, en El Rey Jesús, en Miami. Allí el apóstol nos habló sobre la "mega fe" y cómo Dios quería darnos megaproyectos y bendiciones, y desatar nuestro propósito.

Sentí como si hubiera estado esperando por esto toda mi vida. Recibí palabra de que iba a venir una expansión; pero yo no sabía exactamente qué esperar, así que comencé a estirar mi fe. De pronto, sentí el llamado de Dios a estar en el campo de la planificación financiera de negocios. Días después, en Singapur, Dios provocó un incremento financiero; en dos días gané lo que comúnmente hubiera tomado tres meses. Ese fue el comienzo. Ahora, mi propósito es financiar y desarrollar negocios a través del poder sobrenatural de Dios. He aprendido a dejar de ver con los ojos naturales y empecé a ver con los ojos espirituales. Mi empresa de consultoría financiera ahora está en expansión. Hemos puesto a Dios primero, y le dedicamos tiempo a la oración, a estar a solas con el Padre, y Él nos está llevando a cumplir nuestro propósito y a ser de bendición a muchos otros con nuestro testimonio.

DE ESTUDIANTES UNIVERSITARIOS A INFLUYENTES "BLOGGERS"

Mi nombre es Esperanza, y mi esposo es Sebastián. Juntos nos hemos convertido en exitosos "bloggers" en las redes sociales en los Estados Unidos. Cuando conocí a Sebastián, pude ver que él era la persona que Dios había escogido para mí. Nos complementamos el uno al otro y crecemos en nuestro propósito juntos por medio de lo que creamos.

En la universidad, yo estudié periodismo, con el sueño de convertirme en presentadora de un noticiero en una estación de TV, y mi esposo se graduó de arquitecto. Nuestro proyecto en las redes sociales comenzó en el primer mes de nuestro matrimonio. Estábamos listos para nuestro futuro, pero muy pocas puertas se abrían. Después, Dios se movió. Hoy puedo decir que hemos visto Su gloria sobre nuestras vidas, incluyendo la provisión financiera, desde la primera aparición de nuestro blog de estilo de vida en las redes sociales.

El blog comenzó como algo divertido, pero pronto el número de nuestros seguidores creció, lo que trajo un beneficio económico a nuestras vidas. Hoy, tenemos cerca de medio millón de seguidores. El éxito ha sido tan grande que nuestros ingresos nos permiten dedicarnos a las redes sociales a tiempo completo. Nuestra página nos ha servido como plataforma para alcanzar nuestro propósito.

Al comienzo fue difícil no contar con un salario fijo. Unos meses eran muy lentos, mientras otros eran financieramente explosivos. En este medio se necesita tener carácter fuerte para mantenerse firme en los principios de uno, porque cuando las grandes marcas comerciales ven que tienes un gran número de seguidores, quieren asociarse contigo. Debido al éxito que hemos alcanzado en las redes sociales nos han ofrecido trabajos

CUANDO ESTAMOS VIVIENDO EN NUESTRO PROPÓSITO, PODEMOS SUPLIR LAS NECESIDADES DE OTROS, PORQUE TENDREMOS UN EXCEDENTE.

en diferentes compañías reconocidas a nivel mundial, pero hemos rechazado ciertas propuestas porque no estamos de acuerdo con la ética del producto o de los comerciantes. Nosotros nos conducimos de manera diferente a mucha gente en este medio. Decir que no a un buen número de proyectos que nos han presentado es lo que nos ha diferenciado en el mercado. Desde el comienzo dejamos claro qué líneas no cruzaríamos. Los grandes anunciantes y otros "bloggers" han notado la diferencia. Hemos podido ayudar a otros a entender que las redes sociales pueden ser una plataforma para expresar nuestras ideas sin comprometer nuestros principios.

Hemos podido ver a Dios glorificarse, no solo en nuestro propósito, sino también en nuestra vida personal. Siempre hemos puesto a Dios primero, y eso nos ha servido para ser posicionados en un lugar de privilegio e influencia. Definitivamente, Dios nos abrió las puertas con una marca, y esto nos ha dado la oportunidad de viajar por el mundo. En realidad, tanto la marca como nosotros nos hemos beneficiado mutuamente. Como personas "influyentes" en las redes sociales, hemos podido ver el impacto de nuestra opinión y de nuestro estilo de vida. Hoy, mucho de nuestro tiempo lo compartimos con otros "bloggers" y gente que trabaja en las redes sociales. Con nuestras plataformas en las redes sociales hemos podido alcanzar no solamente a los cristianos, sino a toda clase de personas, incluyendo budistas y ateos.

Estoy agradecida con Dios, porque en cada detalle de mi vida veo Su diestra poderosa. Todo se lo debo a Él. Sin Dios ¡no podríamos haberlo logrado! Mi esposo y yo sabemos que esto es solo el comienzo de lo que Dios está haciendo a través de nuestras vidas, y estamos tan agradecidos por lo que vendrá. Conocer y cumplir nuestro propósito en Dios, como matrimonio, es lo más precioso que nos pudo haber pasado. Le damos gracias a Él porque desde nuestra posición podemos cumplir Su propósito para nuestra vida.

EL PODER DEL PROPÓSITO

UNA PERSONA EN NECESIDAD NO PUEDE AYUDAR A OTRAS.

NUESTRA SEMILLA SE MULTIPLICA CUANDO SEMBRAMOS DE ACUERDO

A UN PROPÓSITO, NO A UNA NECESIDAD.

7

EL PODER DEL PROPÓSITO

Estar alineados a la intención original de Dios para nosotros trae gozo, paz y poder. ¡Nada se compara a eso! Cuando seguimos nuestro propósito, vivimos una vida plena, con la satisfacción de saber que estamos agradando a Dios. A menudo digo: "No me canso de darle gracias a Dios porque me pagan por hacer lo que amo. Soy premiado por estar cumpliendo Su propósito para mi vida. ¡No hay dinero, fama, prestigio o posición que pueda comprar esa bendición!"

El poder sobrenatural de Dios es indispensable para alcanzar nuestro llamado. Sin embargo, hay quienes piensan que el poder de Dios es solo para que la gente se salve o para producir milagros, sanidades y liberaciones. No alcanzan a ver por qué es necesario para cumplir todos los aspectos de su propósito. Por eso, en este capítulo, quiero compartirles la sabiduría del Espíritu Santo acerca de este punto tan importante. Las siguientes son algunas de las muchas maneras en que el propósito energiza nuestro llamado, mientras vencemos todos los obstáculos para alcanzar nuestro destino.

EL CAMINO A SU DESTINO COMIENZA CON EL CONOCIMIENTO DE SU PROPÓSITO. SOLO QUIENES SABEN A DÓNDE VAN ESTÁN DISPUESTOS A PAGAR EL PRECIO PARA LLEGAR ALLÍ.

LA ACTIVACIÓN DEL PODER DEL PROPÓSITO

EL PODER PARA GUIARNOS A NUESTRO DESTINO

Quiero reafirmar el hecho de que, sin un propósito, nadie puede recorrer su verdadero camino en la tierra. No puede ir a ninguna parte en la vida ni tener un impacto en el mundo. El propósito tiene el poder de llevarnos a nuestro destino porque nos da sentido y dirección. Revela nuestro camino y ordena nuestros pasos. Nos da una idea de hacia dónde vamos, de modo que podemos hacer lo necesario para llegar allá.

Cuando seguimos lo que Dios ha destinado que hagamos, nuestros esfuerzos serán exitosos. Por ejemplo, una parte importante del propósito de Jesús era sanar a las personas. (Vea Lucas 4:18–19). Por eso, debido a que Él se mantenía en comunión con Su Padre y continuamente hacía Su voluntad, bastó que le dijera a un leproso, *"Quiero; sé limpio"* (Mateo 8:3), y al instante la lepra desapareció. Además, Jesús estaba destinado a levantarse de entre los muertos; por eso no se quedó en la tumba, sino que fue resucitado por el Espíritu de Dios. (Vea, por ejemplo, Hechos 2:22–24). Del mismo modo, el poder de su propósito lo llevará a usted alcanzar su destino.

EL PODER DE LA INFLUENCIA

El propósito también nos da poder para influir. Su esfera de influencia tiene que ver con el "territorio" que Dios le ha dado para llevar a cabo su llamado. El territorio puede ser una familia, comunidad, vocación, región o alguna otra área en la que su presencia, conocimiento y habilidades le den influencia. Nuestra influencia a menudo se extiende a muchas otras áreas.

Cuando conoce su propósito, usted puede "marcar" su territorio y establecer su esfera de influencia. Nadie puede ejercer la influencia que Dios le ha dado a menos que esté en el territorio apropiado. Hay gente que quiere cumplir su propósito en territorio equivocado; y eso los frustra, porque no dan fruto. Puesto que el propósito determina nuestra esfera de influencia, entonces el lugar donde seremos más influyentes es donde reside nuestro propósito.

EL PODER DE SER ÚNICOS

Quienes encuentran su propósito dejan de tener algo en común con lo común. Ellos piensan y actúan diferente. A diferencia de la mayoría hoy en día, no buscan entretenimiento; más bien, buscan aquello que los llevará a avanzar en el cumplimiento del propósito que arde en su interior. Mientras unos se conforman con buscar satisfacciones temporales, la gente de propósito busca lo eterno. Mientras otros se conforman con suplir para sus necesidades básicas, la gente de propósito trabaja para dejar abundante herencia a sus próximas generaciones. Mientras unos acumulan dinero y bienes materiales para sí mismos, la gente de propósito siembra en las vidas de los demás, y trabaja para levantar a quienes están en su esfera de influencia.

EL PODER PARA PRODUCIR CAMBIO

El propósito confronta el statu quo, lo obsoleto y la rutina. Reta la mediocridad, la religión viciada, la tradición vacía, y el conformismo despreocupado. El propósito desafía los *odres viejos* (vea Mateo 9:16–17); desafía políticas establecidas y formas de hacer las cosas que ya no son beneficiosas, o que de por sí nunca fueron útiles.

Si usted no está cambiando, no está viviendo en su propósito; porque el propósito de Dios siempre produce cambios positivos. ¿Está desafiando el statu quo con el propósito que Dios le dio? ¿Está haciendo algo para que el mundo cambie para bien?

EL PODER DE LA CREATIVIDAD

Una persona que no está en su propósito carece de poder para crear y expandirse. Puede que se gane la vida, pero no tendrá la capacidad de generar superávit. Solo el propósito nos da el poder para prosperar más allá de suplir las necesidades básicas. Genera un superávit que nos permite producir algo nuevo, arriesgar, ir más allá de lo que otros están haciendo y lograr lo que otros solo se atreven a soñar.

En nuestro ministerio, con frecuencia veo gente creando desde su propósito. Tenemos cientos de testimonios de personas que, a partir de una idea creativa de Dios, lograron un ascenso en el trabajo, gozan de éxito en los negocios o están recibiendo ganancias de algún invento. Ciertas personas —algunos que estaban empleados cuando empezaron a asistir al Ministerio El Rey Jesús, y otros que ni siquiera tenían trabajo— hoy son prósperos empresarios; gente de propósito a quienes Dios ha ungido, y les ha dado poder, gracia y favor para crear riquezas. Todas estas personas ayudan a avanzar el reino de Dios en la tierra, gracias a una idea creativa que vino como producto de conocer su propósito.

Es tiempo de despertar el poder creativo de su propósito para que usted pueda desarrollar ideas

SABER QUE HA SIDO DESTINADO A CUMPLIR EL PROPÓSITO DE DIOS FIJA SU MANERA DE PENSAR, SUS HÁBITOS Y SU DISCIPLINA.

innovadoras, negocios, inventos, productos, sistemas, protocolos, libros, canciones o cualquier otra cosa que Dios le ha llamado a hacer.

EL PODER PARA PROSPERAR

"Acuérdate de Jehová tu Dios, porque él te da el poder para hacer las riquezas…" (Deuteronomio 8:18). La gente cuyos pensamientos están alineados con su propósito tiene el poder de crear riquezas, porque sus pensamientos vienen de Dios. Así que, cuando alguien descubre su propósito, encuentra su prosperidad. Como ya hemos visto, Dios siempre provee para el cumplimiento de Su propósito *completo* para nuestra vida, no solo para nuestras necesidades temporales. Su provisión viene en forma de recursos, conexiones, favor, tiempo y relaciones. No tendría sentido que el Creador del universo le asignara una tarea o le diera un propósito a alguien, y no le diera poder ni recursos para cumplirlos. ¡Él es un Dios de abundancia!

En la tierra, hay cinco tipos de riqueza: aquella que es ganada, heredada, prestada, robada o creada. Cualquier cosa creada siempre comienza con una idea. Por ejemplo, en el campo de las finanzas, Warren Buffett, encontró su propósito en los negocios. A los 11 años, mientras otros niños jugaban, él empezó poco a poco a invertir en la bolsa de valores un dinero que era parte de sus propias ganancias. Siguió ganando dinero y haciendo inversiones en negocios. Después, tras obtener un título en el campo de los negocios y formar sociedades lucrativas, Buffett compró una empresa de manufactura textil y, a partir de ella comenzó a crear otras empresas, a diversificar productos y multiplicar ganancias, hasta que construyó un imperio corporativo que incluye seguros, ferrocarriles, artefactos eléctricos, periódicos, aerolíneas, refrescos, alimentos, muebles, ropa y varias empresas de servicios públicos. Actualmente, es uno de los hombres más ricos del mundo, y dona un alto porcentaje de su fortuna.

Dios quiere desatar abundancia; incluso, sobreabundancia en cada área de su vida por medio de su propósito. Sus necesidades a corto plazo generalmente demandan atención urgente, pero no perduran. Su propósito como ser humano está alineado a los propósitos del reino de Dios, y por lo tanto es eterno. Se requiere un propósito divino para dar a luz un propósito terrenal, sobre el cual Dios derramará exceso y sobreabundancia. Como Padre, Dios suplirá todas nuestras necesidades esenciales (vea, por ejemplo, Mateo 6:26); pero si lo que quiere es vivir en abundancia, tendrá que descubrir su propósito —y su poder— en Él.

EL PODER PARA HACERNOS "CONOCIDOS" EN EL CIELO

"Y vi a los muertos, grandes y pequeños, de pie ante Dios; y los libros fueron abiertos, y otro libro fue abierto, el cual es el libro de la vida; y fueron juzgados los muertos por las cosas que estaban escritas en los libros, según sus obras" (Apocalipsis 20:12). Aunque Dios sabe todo sobre nosotros, el propósito nos hace "conocidos" para Él, en el sentido de que el cielo lleva registro de nuestras obras; no con el propósito de determinar nuestro destino eterno —la salvación se alcanza solo a través de la gracia y la fe—, sino para otorgar galardones a aquellos que han sido buenos mayordomos de lo que Dios les ha dado para cumplir su propósito en la tierra. Ahora el cielo está grabando los propósitos y obras de nuestra generación. Por ejemplo, yo soy conocido por ministrar el poder sobrenatural de Dios, y en el cielo hay un libro escrito

CUANDO ENCONTRAMOS NUESTRO PROPÓSITO, DEJAMOS DE SER "UNO MÁS DEL MONTÓN" Y NOS VOLVEMOS DIFERENTES.

acerca de mi propósito y lo que estoy haciendo para cumplirlo. Un libro similar está siendo escrito sobre su vida.

EL PODER DEL PROPÓSITO PARA VENCER

A medida que avanzamos hacia nuestro llamado, hay muchas formas como nuestro verdadero propósito puede ser desafiado, no sólo por fuerzas externas, sino también por nosotros mismos. Sin embargo, si continuamos manteniendo nuestros ojos en Dios y en Su destino para nuestras vidas, el poder de nuestro propósito nos permitirá enfrentar cada uno de esos desafíos.

MÁS PODEROSO QUE CUALQUIER PLAN

Nosotros podemos tener muchos planes, y cada uno de ellos puede ser muy bueno, pero Dios tiene algo aún más poderoso que nuestros planes: Su propósito. Usted podría pasar toda su vida planificando, pero nunca alcanzar su potencial o alcanzar la plenitud de la voluntad de Dios que le permitirá dejar un legado en la tierra. Es mejor descubrir su propósito y dedicarse al plan perfecto diseñado a su medida por el Padre.

Recuerde que antes que trazáramos cualquiera de nuestros planes, nuestro Padre ya había establecido un propósito divino para nuestra vida. Su propósito para nosotros se antepone a nuestros planes y está diseñado justo a nuestra medida. Cuando seguimos nuestros propios planes, sin tener un propósito para guiarnos, nos encontraremos constantemente teniendo que tomar desvíos. En cambio, cuando seguimos nuestro propósito dado por Dios, todo fluye y avanza en la dirección correcta, aunque tengamos que superar obstáculos y ataques del enemigo. Los tiempos y los parámetros de Dios para nuestro llamado son perfectos.

ALGUIEN QUE VIVE CONFORME A SU PROPÓSITO SIEMPRE SERÁ UN AGENTE DE CAMBIO EN LA SOCIEDAD.

Hemos visto que cuando la gente carece de propósito, su tiempo en la tierra puede ser frustrante y sin sentido. Se sienten insatisfechos con su vida diaria porque siguen planes que no tienen nada que ver con su llamado. Trabajan sin cesar, luchan y se fatigan haciendo esfuerzos que nunca les fueron asignados. No hay satisfacción en eso.

¿Alguna vez le ha pasado que después de terminar un plato de comida se siente lleno, pero no satisfecho? Usualmente, es porque siente que le faltó algo, ya sea en la variedad de la comida o en el sabor. Esto es lo que sucede con muchas personas que carecen de propósito. Sus vidas pueden estar llenas de diferentes proyectos, pero no encuentran satisfacción en ellos, porque están involucrados en actividades para las cuales no fueron creados, lo que los hace sentir incompletos. Nunca pueden experimentar total satisfacción, sin importar cuántos planes hagan, porque dichos planes son limitados y pasajeros. El propósito de Dios es la clave para vivir una vida con un sentido verdadero y duradero. *"Muchos planes hay en el corazón del hombre, pero solo el propósito del Señor se cumplirá"* (Proverbios 19:21 RVA-2015).

Dios sabe que nada nos hará más felices y sentirnos más plenos que Su intención original para nosotros, porque Su propósito y nuestra existencia están íntimamente ligados. Por lo tanto, si usted quiere agradar a Dios y vivir bien, usted *tiene* que descubrir y seguir el propósito de Dios para su vida.

MÁS PODEROSO QUE CUALQUIER PROBLEMA

Ninguna situación, por adversa que sea, puede detener el propósito de Dios para nuestras vidas. Para entender mejor esta verdad, echemos un vistazo a la vida del apóstol Pablo, quien describió el haber sufrido muchas dificultades por causa del evangelio, *"en trabajo y fatiga, en muchos desvelos, en hambre y sed, en muchos ayunos, en frío y en desnudez"* (2 Corintios 11:27). A pesar de todo lo que pasó Pablo, se mantuvo firme en su propósito. Esto nos dice que cuando experimentamos problemas, no necesariamente significa que estamos desagradando a Dios o que estamos separados de Su voluntad. Jesús nos dijo, *"Estas cosas os he hablado para que en mí tengáis paz. En el mundo tendréis aflicción; pero confiad, yo he vencido al mundo"* (Juan 16:33).

MÁS PODEROSO QUE CUALQUIER DESILUSIÓN

A lo largo del camino del cumplimiento de nuestro destino, pasaremos por varias desilusiones. Jesús experimentó muchas desilusiones; también Sus apóstoles. Yo mismo las he vivido y estoy seguro de que muchos líderes en la iglesia también. El aspecto más peligroso de las desilusiones es que traen una fuerte tentación de rendirse. Pero si conocemos nuestro propósito y permanecemos en íntima relación con el Padre, no abandonaremos. El propósito que arde en nuestro interior es más poderoso que la desilusión.

En el Antiguo Testamento, leemos que el profeta Jeremías proclamaba las amonestaciones de Dios a Su pueblo, concernientes a su pecado y a las terribles consecuencias de su continua desobediencia. Esos mensajes le provocaron a Jeremías oposición, persecución, y amenazas de muerte. Él debe haber sufrido muchas desilusiones y desánimo porque admitió lo siguiente:

…porque la palabra de Jehová me ha sido para afrenta y escarnio cada día. Y dije: No me acordaré más de él, ni hablaré más en su

nombre; no obstante, había en mi corazón como un fuego ardiente metido en mis huesos; traté de sufrirlo y no pude. (Jeremías 20:8–9)

Jeremías estuvo tentado a rendirse, pero su propósito, que era como un fuego ardiente dentro de él, prevaleció.

MÁS PODEROSO QUE CUALQUIER OPOSICIÓN

El poder de Dios trabajando en nuestras vidas para lograr nuestro propósito es mayor que cualquier oposición que podamos enfrentar, ya sea del enemigo, nuestros propios miedos o la persecución de otros. Como creyentes en Jesucristo, nos ha sido dada la habilidad de derrotar los planes de Satanás. *"Para esto apareció el Hijo de Dios, para deshacer las obras del diablo"* (1 Juan 3:8). Esto significa que, en el poder del Espíritu de Dios, podemos elevarnos por encima de nuestras debilidades, vencer al enemigo en el campo de batalla de la vida, y arrebatarle todo lo que nos ha robado. Moisés enfrentó a Faraón, David enfrentó a Goliat y Jesús enfrentó al pecado y la muerte; pero en cada caso el poder de Dios estuvo allí para darles la victoria.

¿Qué adversario está enfrentando usted? Para mucha gente, su mayor adversario es el miedo. Saben lo que tienen que hacer, pero el miedo a fracasar los paraliza. Algunas personas le temen a las opiniones, críticas o rechazo de los demás. Si usted permanece en su propósito, Dios le dará poder para vencer esos

LA PERSONA QUE PIENSA EN TÉRMINOS DE SU PROPÓSITO CREARÁ A PARTIR DE ESOS PENSAMIENTOS.

temores —sin importar lo gigantes que parezcan— y cumplir el propósito que Él le dio.

Mencioné antes que nadie puede sabotear a una persona que vive
por su propósito. Sin embargo, debemos estar preparados para ser per-
seguidos a medida que avanzamos hacia el cumplimiento de nuestro
destino. De hecho, la persecución es una de las señales más claras de que
está caminando en su llamado. El enemigo no acosa a una persona que
solo tiene planes; persigue a gente con un propósito específico, porque
ellos sí pueden dañar sus planes malvados.

Jesús fue muy perseguido durante Su ministerio. La Biblia dice de
Él que fue *"despreciado y desechado entre los hombres, varón de dolores,
experimentado en quebranto..."* (Isaías 53:3). Jesús entiende lo que es ser
acosado y perseguido por cumplir un propósito divino. El apóstol Pablo
también fue perseguido. Hablando de sus sufrimientos, él le escribió
a la iglesia en Corinto que había sido *"...en trabajos más abundante; en
azotes sin número; en cárceles más; en peligros de muerte muchas veces"*
(2 Corintios 11:23).

La oposición del enemigo llega cuando comenzamos a vivir nuestro propósito. No obstante, el propósito siempre triunfará sobre toda
oposición. En mi vida, he sido malentendido y perseguido por predicar
las verdades del reino de Dios, por ministrar liberación espiritual, por
enfatizar la paternidad de Dios, por defender y levantar el ministerio de
la mujer, y tantas cosas más. Si bien ha sido duro y doloroso, nada de eso
me ha detenido. En todos los casos, mi propósito ha prevalecido sobre la
persecución. Nada de lo que el enemigo hizo, haga o hará podrá detener
el propósito de Dios. Los planes del Señor siempre serán más fuertes
que los ataques de Satanás.

¡Si alguien tiene planes de frustrar la voluntad de Dios o de ir contra
Sus hijos, debería saber que Dios mismo será su mayor opositor! Pablo
experimentó esta realidad antes de su conversión. Fue confrontado por

Cristo resucitado y ascendido mientras viajaba por el camino a Damasco persiguiendo a los cristianos con el propósito de encarcelarlos e incluso matarlos por enseñar acerca de Cristo. (Vea Hechos 9:1–2). Pablo —que en el tiempo de su encuentro con Jesús se llamaba Saulo—, habló después sobre ese momento que le cambió la vida:

> *Cuando a mediodía, oh rey, yendo por el camino, vi una luz del cielo que sobrepasaba el resplandor del sol, la cual me rodeó a mí y a los que iban conmigo. Y habiendo caído todos nosotros en tierra, oí una voz que me hablaba, y decía en lengua hebrea: Saulo, Saulo, ¿por qué me persigues? Dura cosa te es dar coces contra el aguijón.* (Hechos 26:13–14)

El propósito de Dios era que Pablo fuera salvo y llevara el evangelio tanto a los gentiles como a los judíos, y Su propósito triunfó sobre todos los planes humanos hechos por Pablo. No importa a lo que se enfrente —desilusión, tentación, acusación o persecución—, mientras usted viva en su propósito, la realización exitosa de su llamado es inevitable.

MÁS PODEROSO QUE LA MUERTE

Caminar en nuestro propósito nos preserva de la muerte prematura, porque no moriremos hasta que hayamos cumplido con nuestro destino. Por ejemplo, la Escritura dice, *"Ciertamente David, después de servir a su propia generación conforme al propósito de*

Dios, murió, fue sepultado con sus antepasados" (Hechos 13:36 NVI). En otro ejemplo, Jesús fue protegido de la muerte prematura porque estaba alineado a su propósito. La Biblia narra que cuando Jesús todavía era un bebé, el Rey Herodes dio la orden de matar a todos los niños menores de dos años, en un intento por destruir al Mesías que había nacido en Belén, pero aún después que Herodes asesinó cruelmente a muchos niños, no pudo lograr su objetivo. (Vea Mateo 2).

Asimismo, hubo tres ocasiones durante el ministerio de Jesús que ciertas personas quisieron matarlo, pero no lo lograron. (Vea, por ejemplo, Lucas 4:24–30; Juan 10:31–39). Jesús murió en el tiempo perfecto dentro del plan de Su Padre, rindiendo Su vida voluntariamente por nosotros. (Vea Juan 10:15–18). Y, en cumplimiento de Su propósito, Jesús venció a la muerte para siempre cargando nuestros pecados sobre Él mismo en la cruz, y se levantó victoriosamente de entre los muertos, *"para que él sea el primogénito entre muchos hermanos"* (Romanos 8:29). Ahora, ya no tenemos que temer a la muerte. Tenemos vida eterna en Jesús. Y un día, seremos físicamente levantados de entre los muertos, y viviremos por siempre en un cuerpo resucitado. *"Para [Jesús] destruir por medio de la muerte al que tenía el imperio de la muerte, esto es, al diablo, y librar a todos los que por el temor de la muerte estaban durante toda la vida sujetos a servidumbre"* (Hebreos 2:14–15).

En mi propia vida, he enfrentado varias formas de peligro. Por ejemplo, he sido asaltado, me persiguieron ladrones para robarme y hasta me pusieron una pistola en la cabeza, y alguien incluso vino a mi iglesia con la intención de terminar con mi vida, pero ninguno de ellos pudo tocarme. He predicado en países muy peligrosos para los cristianos —donde el evangelio es prohibido, los creyentes sufren persecución y los pastores han sido llevados a prisión o asesinados—, más Dios siempre preservó mi vida porque sigo cumpliendo mi propósito en la tierra. Él hará lo mismo por usted.

EL PROPÓSITO DE DIOS ES MÁS PODEROSO QUE NUESTROS PLANES Y PREVALECE SOBRE ELLOS.

ACTIVANDO EL PODER DEL PROPÓSITO

Al concluir este capítulo, haga esta oración conmigo, en voz alta, para desatar el poder del propósito en su vida:

Padre celestial, Te doy gracias por la revelación de todas estas facetas del poder del propósito. Hoy, yo activo ese poder y declaro que tendré ideas novedosas que cambiarán el statu quo en mi territorio y esfera de influencia. Me comprometo a permanecer fiel a mi propósito y a Tus principios; a extender Tu Reino y darte la gloria. Ilumina mi mente y mi corazón con las ideas del cielo, con los pensamientos que tuviste cuando me creaste. Revélame las ideas y los medios que debo usar para desatar el poder conectado con mi propósito. Quiero ser conocido en el cielo y tener la capacidad para vencer al enemigo de mi alma. No quiero ser uno más del montón. Quiero que mi vida sea guiada por el llamado para el cual me creaste para que pueda traer cambios positivos a mi generación. Te doy gracias porque sé que veré Tu poder manifestado a medida que cumplo mi propósito. En el nombre de Jesús, amén.

TESTIMONIOS DE HABER ENCONTRADO Y CUMPLIDO UN PROPÓSITO

DE SEGUIDORA DEL ESPIRITISMO A MAESTRA DE LA PALABRA

Por treinta años Susie vivió en opresión por haber estado involucrada en santería y espiritismo, hasta que casi la matan los mismos espíritus a los que servía. Pero Jesús llegó a su vida, la salvó y la llevó a conocer y cumplir su verdadero propósito.

Nací en Cuba, pero llegué a los Estados Unidos cuando tenía diez años. Mi madre había crecido practicando la santería y el espiritismo; y yo también crecí practicando esas creencias. Desde temprana edad, podía ver y percibir la actividad espiritual a mi alrededor. Aunque seguía todos los rituales, hechizos y ceremonias de la religión de mi madre, siempre tenía la sensación de que algo me faltaba. No fue hasta mis treinta años, después de tener tres hijos y pasar un divorcio horrible, que me dejó en un estado de vacío total, que comencé a buscar lo que faltaba en mi vida. Después, durante una ceremonia para consagrarme a una deidad a la que planeaba servir, pasó algo inesperado.

Un demonio se manifestó a través de una de las "santeras" presentes, diciendo que había sido enviado a matarme. Mi madre y otras personas comenzaron a negociar con el demonio tratando de convencerlo de que no me lastimara. ¡Eso fue aterrador! Por años, esos espíritus habían sido mis guías y compañeros, y no podía entender lo que sucedía. Llena de miedo, corrí a esconderme donde no pudiera escuchar las amenazas de los demonios. Allí, oí una voz suave que me cautivó y me inundó con una paz que nunca antes había experimentado. Esa voz me dijo, "Eso no es lo que tengo para ti".

SIN PROPÓSITO, SUS PLANES NO SERÁN EFECTIVOS; SERÁ COMO UN PÁJARO TRATANDO DE VIVIR EN EL HÁBITAT DE UN PEZ.

Renuncié a la religión de mis padres y recibí a Jesús como mi Señor y salvador, la cual fue la experiencia más maravillosa de mi vida. Mis ojos fueron abiertos, y mi corazón roto fue sanado.

A los tres meses de haber recibido a Jesús, tuve una hermosa visión, donde Jesús me liberaba de un calabozo, rompía mis cadenas y me llevaba a través de un enorme bosque. Él me urgía a correr sin mirar atrás, diciéndome que los demonios venían por mí. En un momento Él se detuvo, y levantando Su espada dio la orden a un ejército de ángeles para que pelearan contra los demonios. Él me seguía diciendo, "No mires atrás, mira hacia delante y sigue caminando conmigo". Luego, en esa visión, Jesús me dejó en una iglesia, diciéndome: "Te pongo aquí porque tienes que crecer y sanar. Nunca dejes la iglesia, porque de hacerlo, morirás".

En el momento, no entendía lo que la visión significaba, pero poco a poco fui entendiéndolo. Durante los primeros años de mi vida cristiana, el Señor me entrenó en Su Palabra. Aprendí a oír Su voz y a entender el rol del Espíritu Santo. Debido a mi crianza, tenía muchas cargas espirituales e ideas erróneas. Necesitaba ser renovada en mi mente, romper maldiciones generacionales autoimpuestas y sanar mis emociones de tantos años de abuso.

Estaba determinada a hacer lo que fuera necesario para llegar a cumplir mi destino en Dios. Ser moldeada a la imagen de Cristo fue lo más duro que tuve que atravesar. Me llevó tiempo y perseverancia aprender a negarme a mí misma y lograr una total rendición. Pero a través de ese proceso, Dios comenzó a hacerse más real cada día. Empezó a revelarme Su corazón y puso en mí Su amor por la gente. Empecé a tener el ardiente deseo de ser usada para liberar a otros que estaban en cautiverio espiritual. Mi conocimiento de lo oculto me dio la capacidad de reconocer las tácticas del diablo e identificar a quienes están atados o esclavizados al pecado.

Aunque tenía una gran pasión por ayudar a la gente a ser libre de demonios, no estaba segura de cómo hacerlo. Después de quince años de soñar con ser usada por Dios de esta manera, el Espíritu Santo me guió al Ministerio El Rey Jesús. Allí, empecé a aprender acerca de sanidad interior y liberación; y descubrí mi pasión por enseñar la Palabra de Dios. En una de las primeras ministraciones de liberación en las que participé, había una mujer joven que había estado involucrada en brujería. Por una palabra de ciencia del Espíritu Santo, supe cuál era la razón por la que ella vivía atada, a pesar de que ya no practicaba la brujería. Ella había tenido un aborto al quedar embarazada de una persona de esa religión oculta. Apenas intenté echar fuera ese demonio, comenzó a manifestarse en su cuerpo con gran fuerza y violencia. Pero Dios la hizo libre y hoy ella es feliz, sirve al Señor en la iglesia y da frutos para el reino de Dios de continuo.

Recuerdo también a otra mujer con una fuerte posesión demoniaca como resultado de haber estado en el ocultismo. El Espíritu Santo me guio a ministrarle el amor de Dios como medio para su liberación. Ella me dijo: "Vine aquí atada, pero gracias a que usted me mostró tanto amor, pude entender que soy hija de

Dios, y ya no tengo que vivir en opresión". En los siguientes meses, pude ver un gran cambio en ella.

Si bien llevaba años en Cristo y finalmente sabía lo que había sido llamada a hacer; todavía necesitaba pasar un proceso de maduración de mi carácter, y aprender a morir a mi voluntad, capacidades e, incluso, a mis sueños. También tuve que aprender disciplina, respeto, humildad y —lo más importante— que no necesitaba justificarme o defenderme.

Casi veinticinco años después de recibir a Cristo en mi corazón, de haber pasado el maravilloso proceso de ser sanada, liberada y preparada por Dios, fui ordenada como Maestra de la Palabra por el apóstol Guillermo Maldonado. Él vio el llamado de Dios en mi vida y creyó en mí cuando nadie más lo había hecho. Hoy conozco los desafíos, crisis y hasta las desilusiones que vienen por ministrar el amor de Dios a Su pueblo. Pero también el hecho de haber sido llamada para cumplir mi propósito en Él.

LOS VERDADEROS LÍDERES NO SE RINDEN PORQUE ESTÁN COMPROMETIDOS CON SU PROPÓSITO.

DE UNA SILLA DE RUEDAS A MINISTRAR SALUD Y SANIDAD

El Dr. Don Colbert, de Tupelo, Mississippi, sufrió un golpe de calor masivo[3] mientras estaba en la escuela de medicina que lo dejó en una condición de salud muy precaria y en una silla de ruedas. Después de varios meses, el poder de su propósito lo llevó a volver a caminar. Ahora, le enseña al pueblo de Dios sobre salud divina y sanidad.

He sido un médico de familia certificado por más de 25 años, y puedo testificar que Dios ha hecho grandes cosas en mi vida. Lo he visto usar mis conocimientos para enseñarle a la gente sobre salud y que cambien la manera cómo piensan y actúan para que puedan tener una vida saludable. No basta con creer en milagros, pues lo que nosotros podemos hacer, Dios no lo hará. Sé que Dios me ha llamado a vivir para este propósito: para enseñar al cuerpo de Cristo a hacer su parte para caminar en salud divina y confiar en Dios por su sanidad. Gracias a Él he podido perseguir activamente mi propósito en este mundo, impactando a otros en mi esfera de influencia. Como resultado, miles de personas han sido empoderadas para mejorar sus vidas.

Me convertí en médico porque siempre me ha apasionado la salud. Sin embargo, tuve que superar varios obstáculos para caminar en mi propósito. Uno de esos obstáculos ocurrió mientras estaba en mi tercer año de la escuela de medicina. Así es como describí las circunstancias en mi libro *Stress Less*:

---

3. Un golpe de calor o shock térmico es uno de los casos más graves de hipertermia. Es el sobrecalentamiento que sufre el cuerpo debido a las altas temperaturas o un exceso de ejercicio físico. La falta de hidratación hace que diversos órganos dejen de funcionar como lo harían de forma habitual. Se origina por un fracaso agudo de la termorregulación y constituye una urgencia médica extrema, porque puede ocasionar la muerte en menos de 24 horas si no se trata rápidamente. Tomado de https://cuidateplus.marca.com/enfermedades/enfermedades-vasculares-y-del-corazon/golpe-de-calor.html.

Mientras participaba en una carrera de 3 millas en un clima de 95 grados Fahrenheit con casi 100 por ciento de humedad, sufrí un golpe de calor masivo. La temperatura de mi cuerpo alcanzó 108 grados Fahrenheit.

Me llevaron de urgencia a la sala de emergencias de un hospital donde recibí líquidos intravenosos. Sin embargo, los músculos de mis piernas estaban literalmente estallando; esta condición médica se llama rabdomiólisis.[4] Vi como mis piernas se marchitaban ante mis ojos. El dolor era insoportable.

Estuve hospitalizado durante dos o tres semanas para poder recibir cantidades masivas de líquidos intravenosos y monitorear mi insuficiencia renal. Debido a la degradación muscular mi orina era de color café, y estaba tan débil que finalmente me vi obligado a usar una silla de ruedas.

En lugar de mejorar, mi condición empeoró pues los músculos de mis piernas siguieron deteriorándose a pesar de todos los tratamientos.

---

4. Descomposición del tejido muscular que ocasiona la liberación de los contenidos de las fibras musculares en la sangre. Definición tomada de https://medlineplus.gov/spanish/ency/article/000473.htm.

Llamaron a un cirujano para hacerme una biopsia muscular. Esta reveló una extensa necrosis muscular; en otras palabras, muerte de células musculares. Me dijeron que probablemente nunca volvería a caminar. En ese momento, mis brazos lucían más grandes que mis piernas.

Estaba bajo un nivel extremo de estrés. Había perdido más de un mes en la escuela de medicina, ¡y ahora me estaban diciendo que probablemente nunca volvería a caminar!

Necesitaba un milagro, y recibí uno. Después de un par de meses de descanso y mucha oración, pude volver a caminar. Milagrosamente recuperé la fuerza y el tamaño de los músculos de mis piernas.[5]

Gracias a las oraciones de muchas personas y la afirmación de mi esposa de que Dios me iba a sanar, ocurrió un milagro. Hubiera sido muy difícil para mí inspirar y enseñar a las personas sobre la salud si no hubiera superado esta grave condición médica. Fue mi mayor desafío en la vida, pero por la gracia de Dios fui sanado. Me maravillo de lo que Él ha hecho en mi vida desde entonces, permitiéndome cumplir mi propósito de enseñar a las personas a tener una vida saludable. Lo hago a través de mi práctica médica y por medio de publicaciones, seminarios, apariciones en los medios y productos nutricionales. He escrito más de cuarenta libros y soy uno de los autores más vendidos del *New York Times*. Juntos, mis libros han vendido millones de copias. Toda la gloria es para Dios por sanarme, enseñarme sobre la salud divina y permitirme compartir lo que he aprendido con otros.

5. Don Colbert, MD, *Stress Less* (Lake Mary, FL: Siloam, 2005), 1–2.

INDICADORES DEL PROPÓSITO

DIOS NOS HA DISEÑADO A CADA UNO DE NOSOTROS DE UNA MANERA PARTICULAR QUE INCLUYE INDICADORES DE NUESTRO PROPÓSITO.

8

INDICADORES DEL PROPÓSITO

Al inicio de este libro, vimos algunas de las preguntas más comunes que todo ser humano se hace: "¿Quién soy?" "¿De dónde vengo?" "¿Por qué estoy aquí?" "¿A dónde voy?" Sabemos que somos los hijos amados de Dios y que fuimos creados a Su imagen y semejanza. Dios nos ha dado un propósito específico y necesitamos conocer cuál es ese propósito. Cuando descubrimos nuestro llamado y entramos en él, podemos dar cumplimiento a la razón de nuestra existencia en la tierra.

Abraham y su esposa, Sarah, no tenían descendencia, y Sarah había sobrepasado la edad de concebir un hijo. Pero Dios le había prometido a Abraham que sería padre de multitudes; así que cuando llegó el momento de que ese propósito se cumpliera, el Señor le dio a Sara la capacidad de concebir y tener un hijo de Abraham. Cuando eso sucedió, no solo cambió la historia de esa familia, sino que la historia del pueblo de Dios cambió para siempre. (Vea Génesis 17–18:15; 21:1–7).

Jesús era conocido como el hijo de José el carpintero, hasta que llegó Su temporada de entrar en el propósito principal para Su vida. Después que Jesús fue bautizado, los cielos se abrieron y Dios el Padre lo presentó ante el mundo diciendo, *"Este es mi Hijo amado, en quien tengo complacencia"* (Mateo 3:17). El propósito de Jesús de redimir a la humanidad cambió la historia del mundo. ¿Cómo cambiará su vida cuando usted entre en su destino? ¿Cómo transformará su llamado al mundo para el reino de Dios?

Mientras no conozcamos las respuestas a preguntas esenciales como las que incluimos arriba, nos sentiremos a la deriva en la vida y no podremos cumplir nuestro propósito. Sin embargo, a medida que vamos obteniendo las respuestas, nuestra vida va cobrando sentido y plenitud. Por lo tanto, ahora que usted entiende muchos aspectos de la naturaleza y poder del propósito, quiero ayudarlo a identificar el llamado principal en su vida, para que pueda entrar en él. No podemos reconocerlo solo a través de nuestro intelecto; más bien, nos lo revela y confirma el Espíritu Santo. Sin embargo, Dios nos ha diseñado a cada uno de nosotros de una manera particular que incluye indicadores de nuestro propósito. Estos son como sellos únicos del destino que Dios designó para nuestra vida desde antes de la fundación del mundo. Los siguientes son algunos de esos indicadores.

LA FRUSTRACIÓN SANTA

Jesús pasó los primeros treinta años de Su vida observando a los ciegos, los sordos y los cojos. Sin embargo, como aún no era la temporada de comenzar Su ministerio, no podía sanarlos. De seguro, esto le hizo sentir un cierto grado de frustración, porque en Su interior ardía un fuego por sanar y liberar a la gente. Yo le llamo a ese sentimiento "frustración santa". Quienes sienten frustración santa ante tanta injusticia, pobreza, ignorancia, inmadurez, enfermedad,

SOLO DOS COSAS PUEDEN DETENER EL PROPÓSITO; Y LAS DOS DEPENDEN DE NOSOTROS: LA INCREDULIDAD Y LA DESOBEDIENCIA.

depresión, enfermedades mentales, matrimonios rotos y otras circunstancias y problemas, no pueden seguir haciendo lo mismo. Su frustración es un indicador de su verdadero propósito, lo que los mueve a traer
cambios positivos a los individuos y la sociedad. ¿Qué hubiera pasado si
a la edad de treinta, cuando llegó Su temporada, Jesús no hubiera respondido a Su frustración santa ni seguido Su propósito divino y hubiera
permanecido siendo un carpintero toda Su vida? Nunca lo hubiéramos
conocido como nuestro Mesías y Señor, y nunca hubiese ido a la cruz a
convertirse en nuestro Salvador. Estaríamos todavía perdidos en nuestros pecados. ¿Y quién sabe en qué condición estaría el mundo ahora?

Moisés creció en Egipto como el hijo adoptivo de la hija de Faraón,
pero sabía algo sobre su origen hebreo. Su frustración santa se hizo evi-
dente cuando vio a un egipcio golpeando a un hebreo y se identificó con
el que estaba siendo oprimido. Moisés se dio cuenta de que quería hacer
algo para proteger y ayudar a su propia gente. Al día siguiente, cuando
vio a dos hebreos peleando, se sintió angustiado por la animadversión
del uno contra el otro. Estaba frustrado porque no vivían en unidad.
Con esas reacciones, estaba reflejando su llamado divino para liberar a
los hebreos de la esclavitud y reunirlos como un solo pueblo bajo Dios.
(Vea Éxodo 2:1–13).

EL ENOJO SANTO

Otro indicador de su propósito es el "enojo santo". Volvamos al
ejemplo de Moisés. El enojo pudo haber sido la primera señal de su propósito, incluso antes de su frustración. *"En aquellos días sucedió que crecido ya Moisés, salió a sus hermanos, y los vio en sus duras tareas, y observó
a un egipcio que golpeaba a uno de los hebreos, sus hermanos. Entonces miró
a todas partes, y viendo que no parecía nadie, mató al egipcio y lo escondió
en la arena"* (Éxodo 2:11–12). Por contradictorio que parezca, ese inci-
dente fue el inicio del propósito de Moisés. ¿Actuó mal? ¡Claro que sí!
No debió haber matado al egipcio. Mas, sin embargo, su propósito era

UNA FRUSTRACIÓN SANTA LO IMPULSARÁ A BUSCAR SU VERDADERO PROPÓSITO EN LA VIDA.

terminar con el abuso de Egipto y la esclavitud sobre el pueblo de Dios. El enojo que él sintió al ver el maltrato de uno de los de su pueblo fue un indicador de su llamado en la vida.

Sin embargo, la reacción inmediata de Moisés ante la injusticia que presenció es una advertencia para nosotros. Es un ejemplo de tomar nuestra frustración y enojo en nuestras propias manos, sin esperar a que Dios nos dirija y nos diga cómo cumplir nuestro propósito. A Moisés le tomó cuarenta años de vida en el desierto el prepararse para liberar a sus hermanos de la esclavitud. Pero cuando estuvo listo, Dios hizo obras milagrosas a través de él en representación de Su pueblo, y Moisés cumplió su propósito. (Vea Éxodo 2–3). Por eso, cuando experimente santa frustración y enojo, lleve sus preocupaciones a Dios y pídale que lo guíe y le muestre la mejor manera de responder a ellas.

¿Qué lo enoja a usted? ¿Qué situación quiere cambiar? El enojo se convierte en indignación santa cuando tenemos la capacidad de enfocar nuestra unción, esfuerzos y fe en un problema, con el ánimo de producir transformación. Cuando eso sucede, estamos listos para avanzar en nuestro propósito. Es cuando decimos, "¡Ya basta!" y empezamos a trabajar para producir ese cambio. En mi caso, me enoja ver cómo la enfermedad se roba la salud de la gente; me enoja ver tanta gente atada a maldiciones, incluso a aquellas producidas por los propios dichos de su boca. También me enoja la pobreza, así como la ignorancia de la Palabra de Dios. Enojarme ante esas condiciones me ha mostrado que estoy llamado a cambiarlas. Dios me ha ungido para traer libertad y transformación en todas estas áreas.

LAS IDEAS QUE OCUPAN SU MENTE

Cuando la gente tiene su mente puesta en la carne o en su vieja naturaleza de pecado, su mente se convierte en enemiga de Dios y cualquier pensamiento sobre su propósito en Él desaparece. (Vea Romanos 8:5–8). La Biblia advierte, *"Pero por tu dureza y por tu corazón no arrepentido, atesoras para ti mismo ira para el día de la ira y de la revelación del justo juicio de Dios"* (Romanos 2:5). En contraste, la Escritura nos enseña la manera correcta de pensar. *"Por lo demás, hermanos, todo lo que es verdadero, todo lo honesto, todo lo justo, todo lo puro, todo lo amable, todo lo que es de buen nombre; si hay virtud alguna, si algo digno de alabanza, en esto pensad"* (Filipenses 4:8). Una vez que usted fije su mente en la dirección correcta, será como un barco navegando rumbo a su destino.

Entonces, cuando su mente deja de estar en enemistad con Dios, los pensamientos sobre su propósito son los que predominan. De ese momento en adelante, los pensamientos egoístas disminuyen y usted empieza a enfocarse en las necesidades de los demás. Usted se dará cuenta de que ideas relacionadas con su propósito le acompañarán siempre, ya sea que esté despierto o dormido, porque están ligadas a su propósito.

¿Qué ideas ocupan su mente? ¿Se encuentra a sí mismo pensando en asuntos relacionados con la familia, el ministerio, los negocios, la justicia, la educación o la medicina? Debe comenzar a prestar atención a sus patrones de pensamiento, porque estos le ayudarán a revelar su propósito. El pensamiento produce acción, y la acción repetida o persistente crea un hábito. Hay buenos y malos hábitos, pero todos los buenos hábitos están relacionados con el propósito.

UN DESEO POR PERSEGUIR UN ASUNTO EN PARTICULAR

De manera similar al punto anterior, lo que sea que usted busque continuamente o procure y persiga con diligencia, es un indicador de su propósito. ¿Qué ha venido persiguiendo usted toda su vida? ¿Qué es lo que a usted todavía le gustaría lograr? ¿Es un tipo de ministerio? ¿Un negocio? ¿Una vocación particular? Considere lo que usted más persigue, tanto en su pensamiento como en sus acciones.

UNA COMPASIÓN PARTICULAR POR OTROS

Ya vimos cómo Moisés, después de ver a un hebreo igual que él ser golpeado por un egipcio, fue movido por el sufrimiento de su hermano. Esto ocurrió porque el llamado en su vida era liberar a su pueblo de la esclavitud y la opresión. Jesús fue movido a compasión por la condición de vida de las personas que encontraba mientras recorría ciudades y villas y enseñaba en sus sinagogas. La Escritura dice, *"Al ver las multitudes, tuvo compasión de ellas; porque estaban desamparadas y dispersas como ovejas que no tienen pastor"* (Mateo 9:36). Podemos aprender a discernir el propósito de Dios para nosotros por aquello que nos mueve a compasión.

UNA PASIÓN SANTA

Lo que despierta una "pasión santa" en usted es otro indicador de su propósito. Es un deseo ardiente, un fuego interno que nunca se apaga. Para mucha gente, cualquier sentimiento o demostración de

LA INJUSTICIA QUE MUEVE A LA GENTE A ACTUAR ES AQUELLA QUE ESTÁN LLAMADOS A CAMBIAR.

pasión es ofensiva, así que tienden a ignorar su pasión dada por Dios y lo que hacen es practicar un "cristianismo casual". Sin embargo, Dios está derramando sobre esta generación el fuego de Su Espíritu Santo, que desata una pasión consumidora por el propósito divino.

Tal pasión produce una fuerte motivación para ser o hacer algo en la vida. ¿Recuerda cómo Jeremías tenía una pasión que lo consumía? "*Y dije: No me acordaré más de él, ni hablaré más en su nombre; no obstante, había en mi corazón como un fuego ardiente metido en mis huesos; traté de sufrirlo, y no pude*" (Jeremías 20:9). El propósito de Jeremías era advertir al pueblo sobre el juicio divino que venía; y él quería que se arrepintieran de su pecado contra Dios.

Tener pasión es aceptar el dolor en nuestras vidas, porque la pasión involucra el estar dispuestos a enfrentar desilusiones, experimentar cansancio y sufrimiento, incluso a dar la vida por nuestro propósito. Jesús abrazó completamente Su propósito y estuvo dispuesto a sufrir lo indecible con tal de llegar a cumplirlo. Por eso, el hecho de entregar Su vida por nosotros es conocido como "la pasión de Cristo", refiriéndose a todo el dolor que soportó para convertirse en nuestro Salvador. La Biblia también nos habla de otros hombres apasionados. Como Moisés, cuya pasión era estar en la presencia de Dios y hablar con Él cara a cara. La pasión de Josué fue luchar hasta que el pueblo de Dios hubiera conquistado la Tierra Prometida. La pasión de David fue adorar al único Dios verdadero con todas sus fuerzas. La pasión de Juan el Bautista fue preparar el camino para el Mesías. La pasión de Pablo fue predicar el evangelio a los gentiles.

Aunque para nosotros es esencial tener pasión por nuestro propósito, debemos ser cuidadosos y no permitir que la pasión se convierta en obsesión. La pasión nos lleva a estar enfocados en lo que necesitamos hacer, y esto es necesario porque nos permite perseverar y ser efectivos en el cumplimiento de nuestro llamado. La obsesión es una perversión de la pasión que causa fanatismo, produce aislamiento, y causa destrucción, porque no proviene de Dios. Busque siempre ser guiado por el Señor en su pasión y monitoree sus pensamientos y acciones de acuerdo al fruto del Espíritu. (Vea Gálatas 5:22–23).

UN SENTIDO DE LOGRO Y REALIZACIÓN

Si usted está motivado a hacer algo en particular y eso le da un sentido de realización, ése es otro indicador de su propósito. Cuando usted trabaja en cualquier otra actividad que no le proporciona un sentido de realización, ésa es señal de que no está en su propósito. Comience a observar las actividades en su vida que hacen que se sienta realizado. ¿Qué actividad llena su corazón de gozo?

La persona más miserable no es quien no tiene dinero o trabajo. Es la persona que está involucrada en trabajos o actividades que no tienen nada que ver con su propósito. En cambio, la persona más feliz es aquella que —sin importar la cantidad de sacrificios que tenga que pasar, el grado de sufrimiento que experimente, ni cuánto los demás la malentiendan— se goza trabajando en su propósito. La persona que vive de acuerdo a su propósito se siente realizada, feliz, plena y hecha "justo a la medida" para lo que hace.

UNA CARGA DIVINA

Yo defino una "carga divina" como una obligación que nos lleva a realizar una acción. Es una situación que no podemos soportar, y que sentimos que tenemos que resolver. La tomamos y no nos detenemos

CUANDO SU MENTE ESTÁ LIMPIA DE MALOS PENSAMIENTOS, COMIENZA A ENFOCARSE EN PENSAMIENTOS DE PROPÓSITO.

hasta que hemos hecho algo al respecto. Por ejemplo, si usted ve gente viviendo en la calle, sin comida, y siente que necesita ayudar a remediar esta situación, usted ha identificado su propósito de ayudar a las personas que viven en las calles. Si usted ve gente que no conoce a Dios, y siente que tiene que hacer algo para mostrarles el camino al Padre, usted ha identificado su propósito de enseñar o evangelizar. Si ve gente que está enferma y siente que no puede dejarlas en esa condición, entonces usted ha identificado su propósito de estar en la profesión médica, o usar el don de sanidad o milagros. Si usted ve la devastación que ocurre en los hogares rotos, y siente que debe traer esperanza en tales situaciones, entonces usted ha identificado su propósito de restaurar familias.

¿Qué lo carga a usted? ¿Es el futuro de sus hijos, la corrupción gubernamental, los pobres, los enfermos, los oprimidos, las familias disfuncionales, la falta de dirección en las vidas de los jóvenes, la ignorancia de la gente sobre lo que está bien y lo que está mal, el sufrimiento psíquico o emocional de la gente, las personas que necesitan conocer a Cristo, los derechos de los niños por nacer, o algo más? Si usted identifica su carga divina, identificará su propósito.

LA GRACIA SOBRENATURAL PARA LOGRAR ALGO

Necesitamos perseguir diligentemente todo lo que esté dentro del ámbito de nuestro propósito, pero no tenemos que esforzarnos tanto para hacerlo porque recibiremos la gracia sobrenatural para hacerlo. Si hay una tarea que generalmente es considerada algo difícil, pero a usted le resulta fácil de hacer, significa que está operando en la gracia sobrenatural de Dios. Yo le llamo a esto "el factor gracia". Pablo decía, *"Pero por la gracia de Dios soy lo que soy; y su gracia no ha sido en vano para conmigo, antes he trabajado más que todos ellos; pero no yo, sino la gracia de Dios conmigo"* (1 Corintios 15:10).

El factor gracia no es lo mismo que la "gracia ocasional", que viene en un momento determinado para un propósito específico. En el Antiguo Testamento, leemos sobre un burro que profetizó una vez, pero eso no significa que el burro era un profeta. (Vea Números 22:21–40). No deberíamos basar nuestro propósito de vida en algo que nos pasó una sola vez o que nos pasa ocasionalmente. La gracia que está relacionada con nuestro propósito funciona de manera similar a los indicadores anteriores. Pero cuando la unción, la gracia y el poder de Dios vienen *continuamente* sobre usted en relación a la misma actividad, es un indicador de que usted ha identificado el propósito de su vida.

BUSQUE LOS INDICADORES

Al concluir este capítulo, le animo a que considere cuidadosamente todos los indicadores de propósito anteriores. Oremos para que pueda reconocer los indicadores específicos de su llamado único y camine hacia el glorioso destino que Dios tiene para usted.

Señor Jesús, creo que Tú tienes un propósito para mi vida y que has trazado mi destino en esta tierra. Yo quiero encontrarlo y seguirlo. Te pido que lo reveles a mi espíritu para poder cumplir mi llamado. Ayúdame a reconocer los indicadores que me muestran ese propósito. Dame el valor de pasar por Tu proceso de ser preparado para mi destino, y no rendirme ante la adversidad o la

NUESTROS PENSAMIENTOS DOMINANTES Y HÁBITOS POSITIVOS HABLAN DE NUESTRO PROPÓSITO; SON UN PATRÓN DE IDEAS Y ACCIONES RELACIONADAS CON LO QUE ESTAMOS LLAMADOS A HACER.

oposición. Ayúdame a ver Tu destino para mi vida en aquello que me frustra, me enoja o aviva una pasión en mí. Dame Tu gracia y unción para poder ser lleno de Tu poder. Quiero hacer la diferencia en este mundo y en mi generación. Quiero manifestar Tu gloria en mi esfera de influencia y no solo "servir tiempo", sino verdaderamente vivir para un propósito. Quiero que mi vida impacte y deje un legado a las próximas generaciones. ¡Heme aquí, Señor, úsame! Amén.

LO QUE MUEVE SU COMPASIÓN ES UN INDICADOR DE SU PROPÓSITO.

TESTIMONIOS DE HABER ENCONTRADO Y CUMPLIDO UN PROPÓSITO

UN PROPÓSITO REVELADO EN MEDIO DE LAS CRISIS

El apóstol José Luis López era un arquitecto y su esposa, la profeta Margarita Palmer era abogada cuando ambos cambiaron de rumbo y empezaron su ministerio en México. Al conectarse con la visión del Ministerio El Rey Jesús, empezaron a ver un incremento en la actividad de Dios en su vida y ministerio. Enfrentaron oposición natural y espiritual, pero vencieron. Hoy, su congregación tiene más de 25,000 personas y sigue creciendo.

Los dos teníamos carreras profesionales, pero siempre supimos que Dios nos había llamado a servirlo en el ministerio. Hacer la transición no fue fácil, pero nuestra pasión por el ministerio siempre fue mayor que las dificultades que encontrábamos. Todo lo que pasamos nos llevó a nuestro propósito divino. En 1991, comenzamos compartiendo nuestra fe con familiares y amigos porque sentíamos una carga por ellos. Aunque sabíamos que Dios nos había llamado a transformar México, entendimos que primero teníamos que trabajar por la salvación de nuestros propios familiares. Durante los primeros años, alrededor de cincuenta personas asistían a nuestra iglesia. Después, cuando entramos bajo la cobertura del Ministerio El Rey Jesús, nos encontramos en la vía directa a nuestro propósito y destino y comenzamos a ver un crecimiento exponencial de creyentes y de liderazgo. Sin embargo, enfrentamos muchos retos que estaban fuera de nuestro control.

A finales de Octubre y comienzos de Noviembre de 2007, Tabasco, el estado en el que vivimos en México, sufrió algunas de las peores inundaciones en la historia de nuestro país, dejando a más de la mitad de la población de nuestra capital con sus casas bajo el agua y, cinco de diecisiete municipios del estado inundados también, con hasta seis metros de agua. El edificio de la iglesia estaba bajo 2.5 metros de agua. ¡Todo estaba bajo el agua! En medio de ese caos y mudándonos a un local nuevo, le dimos albergue a familias enteras que habían sido afectadas, y congregamos a la iglesia en las Casas de Paz que quedaron activas después de la inundación. Una Casa de Paz es un hogar en donde las personas se reúnen semanalmente para escuchar la Palabra y recibir milagros de Dios en sus vidas. Las reuniones son dirigidas por líderes entrenados en nuestra iglesia. Teníamos cientos de esas Casas de Paz, gracias a la visión de El Rey Jesús. En diciembre de ese año, y aún con la ciudad inundada, hicimos una "Celebración de Casas de Paz", donde abrimos nuestras puertas a ocho mil personas, cinco mil de las cuales nunca habían asistido antes. Así, nuestra mayor explosión ministerial ocurrió en medio de la mayor crisis y caos que nuestra ciudad haya atravesado alguna vez.

En 2009, surgió a nivel nacional una pandemia del virus de influenza H1N1, y como parte del control de contagio el gobierno prohibió las reuniones masivas. Otra vez, la estrategia de Dios fue trabajar a través de las Casas de Paz. En ese tiempo comenzaron a surgir los más notables testimonios. Familias completas aceptaron a Jesús, hubo conversiones de miembros de pandillas, personas que estaban al borde del suicidio fueron salvadas, y gente con todo tipo de enfermedades fueron sanadas. El número de asistentes a las Casas de Paz se duplicó durante la cuarentena.

LA PASIÓN DADA POR DIOS NO SE PUEDE CONTENER; ÉSTA SE DESATA CUANDO CONOCEMOS Y RECIBIMOS NUESTRO PROPÓSITO.

También vimos como nuestra ciudad colapsaba financieramente debido a la caída de la industria petrolera. Toda la actividad económica menguó y la inseguridad aumentó. La ciudad, una de las más violentas del país, quedó solitaria porque muchas familias se fueron del estado debido a la falta de empleo y a una ola de secuestros. Pero no nos rendimos, porque nuestra pasión por nuestro propósito era mayor que esas calamidades. Sentimos un enojo santo contra las artimañas del enemigo para derribarnos. Cuando oramos y ayunamos, Dios comenzó a manifestar milagros financieros poderosos entre los miembros de la congregación. Sobrenaturalmente, comenzaron a firmarse contratos millonarios, a cancelarse deudas enormes y nuestro ministerio siguió creciendo.

Actualmente tenemos iglesias hijas y bajo cobertura en casi la mitad de México (en catorce de los treinta y dos estados), y en naciones como Guatemala, Honduras y Argentina. Dios nos ha usado para impactar nuestra nación. Durante nuestro Encuentro Sobrenatural más reciente, en la Arena Ciudad de México, pudimos registrar 3,100 nuevas personas que recibieron a Cristo; y documentamos 1,033 milagros y sanidades.

Uno de los testimonios que más nos impactó fue el de un pastor que tenía una condición grave de salud en la que su pulmón izquierdo estaba lleno de huecos producto de una bacteria. Su doctora le había dicho que no podía viajar a ciudad de México porque la altura haría colapsar su pulmón. Ese hombre no podía caminar, mucho menos correr. Pero por fe, vino al encuentro y, cuando oramos por él, ¡Dios hizo un milagro y lo sanó! Recuerdo también a una mujer que vino con un desorden que amenazaba su vida llamado placenta percreta, "una condición en que la placenta se adhiere y crece a través del útero y potencialmente a órganos adyacentes (como la vejiga)".[6] Es la forma más severa de una complicación que ocurre en una de cada 2500 personas, y una de cada tres muere.[7] La condición era tan severa, que se sometió a una cirugía para remover su matriz y parte de la vejiga y ¡tenía 400 puntos de sutura! Los doctores no le daban esperanza. Sin embargo, en el encuentro, el fuego de Dios vino sobre ella; y cuando una líder colocó su mano sobre el vientre de la mujer, sintió cómo los órganos volvían a formarse. En nuestro ministerio también ha habido muchos testimonios similares a lo que ocurrió cuando una de nuestras pastoras de jóvenes oró, a través del teléfono, por una mujer que llevaba quince minutos muerta; y en presencia de los paramédicos, la persona muerta vomitó y cobró vida.

Cada situación ha sido un gran reto de fe, pero Dios nos ha llevado de gloria en gloria y nos ha usado para Su propósito divino. Gracias a la visión del Ministerio El Rey Jesús y a nuestro apóstol Guillermo Maldonado, hemos podido ver como todos nuestros obstáculos han terminado en victoria, porque el propósito es más fuerte que cualquier oposición. A través del Ministerio El Rey Jesús, Dios nos ha conectado a nuestro propósito y nos ha usado para vincular a otros a lo que Él está derramando en estos últimos tiempos.

---

6. Vea https://www.brighamandwomens.org/obgyn/maternal-fetal-medicine/pregnancy-complications/placenta-accreta.
7. Vea https://www.ncbi.nlm.nih.gov/pmc/articles/PMC2777065/.

EL ENEMIGO TRATÓ DE ROBARLE SU PROPÓSITO

Josué es pastor de jóvenes del Ministerio El Rey Jesús en Miami. Sin embargo, siendo un adolescente, cayó en rebelión y eso lo arrastró a la inmoralidad sexual, drogas y violencia. El enemigo le estaba robando su propósito, hasta que Dios intervino.

Soy la tercera generación de pastores en mi familia. Crecí yendo a la iglesia y a la escuela dominical, teniendo devocionales con mis padres, y leyendo la Biblia. Era un firme creyente en Jesús; pero, de repente, caí en un estado de rebelión que trastornó mi vida. Comencé a salir a clubes nocturnos y a volver a casa borracho, drogado, y habiendo estado en tiroteos. Mi vida era una fiesta constante de sexo y alcohol. La rebelión me consumía, y no miraba las consecuencias de mis acciones. Pasé de pensar que nunca les respondería mal a mis padres a pelear con ellos, a hacer que mi madre me tuviera miedo. Pasé de creer que me casaría virgen a vivir una vida promiscua; y de ser un niño tranquilo, a involucrarme en pandillas y violencia. Mis padres no podían controlarme. No recibía corrección de nadie. La rebelión me robó la inocencia.

Aunque había crecido en una iglesia cristiana, era una iglesia sin el poder y la presencia del Espíritu Santo. Después llegué al Ministerio El Rey Jesús. Recuerdo que iba a los retiros y tenía encuentros con Dios, pero

PODEMOS RECONOCER NUESTRO PROPÓSITO POR EL TIPO DE CARGA QUE LLEVAMOS.

debido a la presión de mis amigos, no rendía mi vida completamente de vuelta a Dios. A los 19 años fui a un retiro que me marcó y cambió para siempre. Aunque volví con mis viejos amigos del mundo, era el único de ellos que no consumía alcohol. Poco a poco comencé a perder el interés en mi estilo de vida rebelde, y procuré invitar a mis amigos a la iglesia. Empecé a morir a mi pasado, al mundo, a las viejas amistades y a la atmósfera mundana.

El proceso fue continuo, pero largo y lento. Un día, luego de una pelea a puños fuera de la iglesia, en vez de irme, entré a la iglesia, y ese día, Dios me liberó de la ira y de la adicción al cigarrillo. Él continuó cambiando áreas de mi vida que yo solo no podía cambiar. En El Rey Jesús, me pusieron bajo un mentor, pero todavía no quería que nadie me corrigiera ni me predicara; así que lo evitaba todo el tiempo. Si un ujier quería cambiarme de asiento, me negaba o amenazaba con golpearlo. Miraba a los predicadores y le decía a Dios que no quería ser como ellos, hablando de Dios todo el día. ¡No tenía idea de los planes que el Señor tenía para mí!

Pese a la rebelión que aún había en mí, comencé a crecer en el discipulado, en la visión y en la Palabra. Comencé a responder a la presencia de Dios comprometiéndome más y más cada vez. Un día, cuando se suponía que debía estar en una reunión de Casa de Paz, me fui con una exnovia a tener relaciones sexuales en un lugar determinado, pero cuando llegamos allí, la convicción del Espíritu Santo me hizo salir; y en lugar de eso, asistí a la reunión de Casa de Paz. Allí me dieron una palabra profética acerca de mi propósito. Eso me cambió y me animó a darle todo a Dios, por completo. Después, gracias al ejemplo de mi mentor, comencé a tener relación personal e íntima con Dios por mi cuenta, además de lo que hacía en la iglesia, y me comprometí a orar diariamente.

Entonces, comencé a ver un rompimiento masivo en mi vida. Todo se aceleró y empecé a tener hambre por el fuego de Dios. Me dediqué a ganar almas y desarrollé una gran pasión por el Señor. ¡Quería vivir y morir para Él! Comencé a preguntarle, "¿Cuál es mi propósito? ¿Por qué vivo? ¿Por qué estoy aquí?" Un día me di cuenta de que aparentemente era el único en la iglesia que no manifestaba un don. Unos cantaban, otros tocaban instrumentos y la mayoría hacía esto o aquello, pero yo no tenía nada específico que contribuir. Sentía que Dios se había olvidado de mí en ese aspecto. Así que empecé a llamar a todos mis amigos del pasado para traerlos a Cristo. Me convertí en líder de Casa de Paz y un evangelista en las calles, y me acerqué más a mi mentor y líderes. Cambié mi ambiente y aquellos con quienes me relacionaba, y Dios me reveló Su propósito a través de las personas que estaban a mi alrededor en la iglesia.

En ese tiempo, mi Casa de Paz creció tanto que la tenía que hacer en dos turnos. Me gustaba predicar y hablar de Dios todo el tiempo. Empecé a amar Su Palabra y quería compartir Su mensaje. Tenía pasión por ganar almas y servir a quien fuera, en lo que fuera; a otras personas, a mis líderes o a mi

SOMOS EXITOSOS CUANDO CONOCEMOS EL PROPÓSITO DE DIOS Y DEJAMOS UN LEGADO EN LA TIERRA.

padre espiritual. Aprendí a confiar en la voz de Dios y en la de mis autoridades.

Cada aspecto de la visión de El Rey Jesús me ayudó a convertirme en lo que soy hoy. Hace cinco años, el Apóstol Maldonado me llamó a liderar a los jóvenes y eso me llevó a través de otro proceso muy duro de humildad, rendición, y madurez. Recuerdo una palabra que el apóstol me dio acerca de mi destino. Me dijo que pasaría unos años más en la casa levantando a otros, multiplicando el fruto y, luego, sería enviado a las naciones, donde llenaría estadios. Después de recibir esa palabra, tuve que pasar por una temporada de mucho rechazo y crítica de la gente; algunas personas que habían estado cerca de mí se pusieron en mi contra. Tuve que enfrentar falsas acusaciones, manipulación y división, y lidiar con el miedo al hombre. Había jóvenes que llegaban a la iglesia en el mismo estado de rebelión en el que yo había estado al comienzo, y ahora yo tenía que pagar el precio de formarlos. Fue la temporada más dura de mi vida. Llegué al punto de querer dejarlo todo; pero por la gracia de Dios, pude perseverar en mis funciones y mi servicio a Él. El fuego por mi propósito fue mayor que todos esos problemas.

Creo que la clave es la obediencia, el compromiso, la perseverancia y tomar responsabilidad por los sueños de Dios para nuestra vida. Ahora, mi esposa y yo vemos la vida de tanta gente impactada por lo que Dios está haciendo a través de nosotros. ¡Y estamos ansiosos por ver lo próximo que Él hará!

CÓMO DESCUBRIR
SU PROPÓSITO

LA PRIMERA REVELACIÓN QUE RECIBIMOS NOS LLEVA A RECONOCER A JESÚS COMO NUESTRO SALVADOR. NUESTRO PROPÓSITO LO APRENDEMOS A TRAVÉS DE NUESTRA RELACIÓN CON ÉL.

9

CÓMO DESCUBRIR SU PROPÓSITO

Si queremos conocer nuestro propósito, debemos ir a la Fuente, a la Persona que nos creó, y esa Persona es Dios. El Espíritu Santo de Dios es Aquel que nos revela Sus misterios, y si tenemos hambre de descubrir nuestro propósito en la vida, Él está dispuesto a revelárnoslo.

Recuerde, el propósito no se descubre naturalmente. Hay una diferencia significativa entre el proceso de descubrir y el proceso de recibir revelación. Descubrir implica adquirir conocimiento a través de estudios, investigaciones, experimentos, estadísticas, etcétera. También se refiere a buscar lo que se desconoce. Por otra parte, recibir revelación, es un proceso sobrenatural en el que se abren nuestros sentidos espirituales y nuestro entendimiento se ilumina para ver la verdad de quiénes somos y el propósito de nuestra existencia.

Cuando recibimos revelación, la mente humana no trabaja. Al contrario, el conocimiento que proviene directamente de Dios nos lo da el Espíritu Santo. La Escritura nos dice: *"Pero cuando venga el Espíritu de verdad, él os guiará a toda la verdad; porque no hablará por su propia cuenta, sino que hablará todo lo que oyere, y os hará saber las cosas que habrán de venir"* (Juan 16:13). Como hemos visto, Dios nos da indicadores de nuestro propósito, que implican procesos naturales de observación y análisis, pero debemos establecer esos indicadores junto con la revelación de Su propósito para nosotros, a fin de confirmar nuestro llamado.

El proceso de recibir revelación es vital para entender por qué muchas personas confunden el propósito de su vida con la profesión para la que estudiaron en la universidad o en alguna escuela de negocios. Aunque muchas veces coinciden, la educación es una función del reino natural, mientras que el propósito —aunque opera en lo natural—, tiene características espirituales, y su efecto es sobrenatural y eterno. Por lo tanto, la educación puede prepararnos para un trabajo, pero no nos prepara para un propósito.

RECIBIENDO CONOCIMIENTO REVELADO

¿Cómo nos llega la revelación del propósito de Dios? El Espíritu Santo utiliza medios sobrenaturales, como un sueño, una visión, la voz audible de Dios, una señal, un encuentro sobrenatural o una palabra profética. El Espíritu elige la manera de revelarnos nuestro propósito, y ésta es diferente para cada persona.

El Espíritu de Dios puede mostrarnos el propósito de nuestra vida porque lo entiende completamente. Sabe lo que el Padre tenía en mente cuando nos creó. Él tiene el mismo Espíritu del Creador, y ejerce el poder creativo de Dios.

Pero Dios nos las reveló a nosotros por el Espíritu; porque el Espíritu todo lo escudriña, aun lo profundo de Dios. Porque ¿quién de los hombres sabe las cosas del hombre, sino el espíritu del hombre que está en él? Así tampoco nadie conoció las cosas de Dios, sino el Espíritu de Dios. Y nosotros no hemos recibido el espíritu del mundo, sino el Espíritu que proviene de Dios, para que sepamos lo que Dios nos ha concedido.

(1 Corintios 2:10–12)

El Espíritu Santo es el encargado de revelar nuestro propósito único, irrepetible y eterno. ¿Hay algo que podamos hacer para cooperar con Él en la revelación de ese propósito? ¿Podemos preparar nuestros sentidos espirituales para que estén abiertos a recibir Su conocimiento? ¡Sí, podemos! Estas son algunas pautas importantes para hacerlo.

CONOCER A DIOS

Nadie puede conocer su propósito sin primero conocer a Dios. Cuando lo conocemos, descubrimos quiénes somos y volvemos nuestro corazón hacia Sus propósitos. Debemos buscar al Señor porque solo hay una manera de entender realmente para qué fuimos creados; y ésta es alineados al único Dios verdadero. Debemos dedicar tiempo y esfuerzo a conocerlo mejor, a comprender Sus planes y nuestro papel en ellos.

Cuando realmente conocemos a Dios, dejamos de cuestionar y resistir Su voluntad para nosotros. Quienquiera que cuestione la voz de Dios tiene un problema, porque no está en sintonía con Su corazón y mente. Jesús dijo: *"Mis ovejas oyen mi voz, y yo las conozco, y me siguen"* (Juan 10:27). Con esta metáfora de las ovejas, el Señor se refiere a las personas que tienen un pacto con Él, a los que conocen Su corazón, Su amor y Sus enseñanzas, y a los que le obedecen fielmente y de todo corazón.

La mejor manera de conocer a Dios es reconocer Su voz, y una de las formas como Dios nos habla es a través de Su Palabra escrita. En la Escritura, Dios nos revela quién es. Él mismo inspiró la Escritura para darse a conocer a la humanidad. (Vea, por ejemplo, 2 Timoteo 3:16–17). Cuando conocemos la Palabra de Dios, lo conocemos a Él, porque Su Palabra nos habla de Su naturaleza y Su voluntad. Lo que Dios dice de Sí mismo y quién es Él, en realidad es lo mismo.

Además de conocer la Palabra de Dios, debemos estar en comunión continua con Él a través de la oración, el ayuno y la búsqueda diaria de Él. *"La comunión íntima de Jehová es con los que le temen, y a ellos hará conocer su pacto"* (Salmos 25:14).

Abraham entró en una relación íntima con Dios cuando el Señor hizo un pacto con él, y Abraham respondió con fe. Dios dijo que haría de Abraham *"una gran nación"* y que en él *"todas las familias de la tierra serían benditas"*. (Vea Génesis 12:1–4). En ese momento, Dios le dijo a Abraham que dejara la casa, las costumbres y los dioses de su padre, y que caminara con Él a través del desierto hacia una tierra que Dios le mostraría. Más tarde, el Señor describió esa tierra como una donde *"fluye leche y miel"*. (Vea, por ejemplo, Éxodo 3:8).

En el camino para recibir las promesas de Dios, Abraham habitó cerca de Sodoma y Gomorra, dos ciudades que Dios planeaba destruir a causa de la multitud de sus iniquidades. Debido al pacto que había hecho con Abraham, el Señor no pudo ocultarle Sus planes:

Y Jehová dijo: ¿Encubriré yo a Abraham lo que voy a hacer, habiendo de ser Abraham una

LA ADORACIÓN ES UNA FORMA DE CONOCER A DIOS, PORQUE HACE QUE ÉL SE NOS REVELE.

nación grande y fuerte, y habiendo de ser benditas en él todas las naciones de la tierra? Porque yo sé que mandará a sus hijos y a su casa después de sí, que guarden el camino de Jehová, haciendo justicia y juicio, para que haga venir Jehová sobre Abraham lo que ha hablado acerca de él. (Génesis 18:17–19)

Hay beneficios a los que tenemos derecho cuando vivimos en pacto con Dios, y uno de ellos es saber la razón de ciertos planes que Él ha hecho, ya que escrito está que Dios no oculta Sus propósitos a quienes permanecen cerca de Él. El Señor consideraba a Abraham Su amigo (vea, por ejemplo, Santiago 2:23), por eso no le escondió lo que estaba a punto de hacer.

En otro ejemplo bíblico, David creció en su conocimiento del Señor y desarrolló una relación íntima con Él mientras pastoreaba las ovejas de su padre en lo alto de las montañas, meditando en la Escritura y en la naturaleza de Dios. Y adoraba al Señor con sus instrumentos musicales. David conocía a Dios, y Dios lo conocía a él, porque el Señor se había revelado al corazón de David. Si queremos conocer nuestro propósito, debemos llegar a conocer a Dios de una manera más profunda; y una de las formas más significativas de hacerlo es adorándolo. La adoración surge de nuestro corazón cuando tenemos y mantenemos una relación de pacto con Dios. Es durante la adoración que Él se revela a nosotros, y en esa revelación viene el conocimiento de nuestro propósito. A medida que nuestra relación con Dios crece, más revelación de nuestro llamado recibiremos.

"Pero sin fe es imposible agradar a Dios; porque es necesario que el que se acerca a Dios crea que le hay, y que es galardonador de los que le buscan" (Hebreos 11:6). Debemos recordar que Dios *es*, en presente continuo. Él siempre es, aquí y ahora. No hay nada que le falte para "ser" en el futuro. La mayoría de la gente mira hacia el futuro o vive en el pasado. Para ellos es difícil vivir en el presente. Pero Dios es inmutable, y vive

en un permanente ahora. Las Escrituras declaran: *"Jesucristo es el mismo ayer, hoy y siempre"* (Hebreos 13:8). Por lo tanto, vayamos con fe ahora al Dios eterno y recibamos la revelación de nuestro propósito.

ESTÉ EN EL AMBIENTE ADECUADO

Se dice que somos "el producto de nuestro entorno", y hay mucha verdad en esa declaración. Para cumplir nuestro propósito, debemos estar en el ambiente correcto: espiritual, mental, emocional, físico y geográficamente. Si alguien está en un ambiente que no cultiva, nutre o desarrolla su propósito, será incapaz de lograrlo. Piense en el ambiente actual en el que vive, en todos los aspectos de su vida. ¿Qué está haciendo para preparar y ajustar ese ambiente para el desarrollo de su propósito? Su preparación puede ir desde asuntos simples, como tener una mejor organización en su espacio de trabajo, hasta problemas mayores, como discernir con qué amigos y socios se relaciona o con quién va a compartir su tiempo. Como dice el dicho, "No se puede volar como águila si acostumbras a pasar el tiempo con pollos!" Reconozca que si usted no está en el entorno adecuado, eso le impedirá lograr su propósito.

SIRVA UNA VISIÓN

La idea de "visión" a menudo se define como la forma en que vemos nuestro futuro. Sin embargo, en términos de propósito, la visión es la perspectiva *de*

SIN VISIÓN, NO SE PUEDE SERVIR UN PROPÓSITO, PORQUE LA VISIÓN NOS PROCESA PARA NUESTRO PROPÓSITO.

Dios sobre nuestro futuro. Esto es lo que el Señor nos revela a medida que desarrollamos una relación íntima con Él.

En la parábola de los talentos, el amo dio a sus siervos dinero para invertir mientras se iba en un largo viaje. Cuando regresó, dijo a los siervos que habían invertido su dinero sabiamente: *"Bien, buen siervo y fiel; sobre poco has sido fiel, sobre mucho te pondré; entra en el gozo de tu señor"* (Mateo 25:21; véase también el versículo 23). Estos siervos eran buenos mayordomos de la visión de su amo. Multiplicaron los talentos que les había dado, y cuando el señor regresó de su viaje, le presentaron los beneficios.

Si queremos conocer nuestro propósito, debemos estar comprometidos con una visión. Cualquiera que sea la visión que usted tenga, ya sea de llegar a ser médico, bombero, científico, constructor, músico, hombre de negocios, escritor, enfermera, pastor o apóstol, casi siempre es necesario comenzar sirviendo la visión de alguien más y ser fiel en lo que le confían. Dios no nos confiará nuestra propia visión hasta que aprendamos a ser "fieles en lo poco".

Sirviendo la visión de otra persona, podemos encontrar el lugar de nuestro propósito, porque la visión es el punto donde comienza el propósito. Por ejemplo, en el Ministerio El Rey Jesús, los propósitos de muchas personas han sido revelados y desarrollados a medida que han servido a la visión de la iglesia. Hemos levantado pastores, profetas, maestros, evangelistas y apóstoles. También hemos identificado el potencial de adoradores, intercesores y líderes juveniles; y hemos ayudado a los matrimonios y a sus hijos a encontrar sus dones. Además, a través de la visión de la iglesia, el Señor ha dado estrategias a muchas personas, permitiéndoles encaminarse hacia su propósito como empresarios, políticos, jueces, médicos, artistas, atletas y más. Como pueden ver, algunos de esos propósitos están directamente relacionados con el ministerio, mientras que otros funcionan fuera del entorno de la iglesia. Sin embargo, todos esos creyentes siguen creciendo en sus llamados de acuerdo

PARA CUMPLIR NUESTRO PROPÓSITO, DEBEMOS ESTAR EN EL AMBIENTE CORRECTO: ESPIRITUAL, MENTAL, EMOCIONAL, FÍSICO Y GEOGRÁFICAMENTE.

con la revelación del Espíritu Santo y la cobertura de nuestro ministerio.

Podemos decir que nuestro propósito refleja quiénes somos, pero nuestra visión nos guía hacia dónde vamos. Conozco gente que tiene un propósito, pero no tiene visión. ¿Cómo puede alguien llegar a un lugar si no sabe que existe ni dónde encontrarlo? Debemos tener una visión sólida para poder alcanzar nuestro destino.

RECIBA UN ENCUENTRO SOBRENATURAL

También podemos recibir una revelación de nuestro propósito a través de un encuentro sobrenatural iniciado directamente por Dios. Este es un ejemplo de la vida de Moisés:

> Un día en que Moisés estaba cuidando el rebaño de Jetro, su suegro, que era sacerdote de Madián, llevó las ovejas hasta el otro extremo del desierto y llegó a Horeb, la montaña de Dios. Estando allí, el ángel del Señor se le apareció entre las llamas de una zarza ardiente. Moisés notó que la zarza estaba envuelta en llamas, pero que no se consumía, así que pensó: "¡Qué increíble! Voy a ver por qué no se consume la zarza". Cuando el Señor vio que Moisés se acercaba a mirar, lo llamó desde la zarza: —¡Moisés, Moisés! —Aquí me tienes —respondió. (Éxodo 3:1–4 NVI)

El patrón que vemos en toda la Escritura es que Dios se presenta a Su pueblo a través de encuentros sobrenaturales. En esos encuentros, revela a cada persona sus llamados y propósitos. ¿Por qué necesitaba Moisés un encuentro con Dios? Porque antes de tener ese encuentro, él no había entendido su propósito ni por qué había tenido tantas experiencias en la vida. Había crecido en Egipto como hijo de la hija de Faraón, había sido educado en el palacio y conocía la cultura egipcia. Lo que no sabía era por qué había sido separado de su verdadera familia y su gente. Sin embargo, en ese encuentro, tuvo la revelación del único Dios verdadero, cuyo nombre es *"Yo Soy El Que Soy"* (Éxodo 3:14). Como resultado, Moisés aprendió quién era y cuál era su propósito: ser el líder que liberaría a los hebreos —el pueblo de Dios— de la esclavitud. Después de eso, pudo hallarles sentido a todos los acontecimientos que había vivido anteriormente.

Un encuentro sobrenatural hace que Dios sea "real" para nosotros. Él mismo se convierte en la realidad en la que vivimos. Después de un encuentro, Él es más real para nosotros que cualquier oposición, persecución, decepción o incluso bendición. ¡Si Dios no fuera real para mí, habría tirado la toalla hace mucho tiempo! Sin mis encuentros con Él, probablemente habría muerto ante los ataques del enemigo. Pero ahora, Dios es más real para mí que las circunstancias diarias de mi vida o cualquier traición que haya experimentado; ahora soy capaz de elevarme por encima de todas las dificultades.

Los encuentros sobrenaturales transforman su corazón, revelan su propósito y activan su llamado. Si quiere tener un encuentro con Dios, debe tener hambre de Él y ganas de conocer Su propósito para usted. A través de los encuentros, Dios lo hace portador de Su presencia, propósito y poder. ¡Prepárese a tener un encuentro divino! Pídale al Señor que abra sus sentidos espirituales para percibir lo que Él quiere revelarle.

SOMÉTASE AL PROCESO QUE DIOS HA PREPARADO PARA MOLDEAR SU CARÁCTER CONFORME A LA IMAGEN DE CRISTO.

¿ACEPTARÁ EL DESAFÍO?

En resumen, el propósito no es algo que podamos descubrir por medios naturales, sino que, nuestro Creador es el único que nos lo puede revelar. Para recibir esa revelación, debemos aprender a conocer a Dios desarrollando una relación íntima con Él, posicionándonos en el entorno adecuado, comenzando a servir en la visión de otra persona y teniendo un encuentro sobrenatural iniciado por Él. Sólo entonces conoceremos nuestro verdadero yo y recibiremos nuestra propia visión. Todo esto implica un proceso que, a menudo es largo, pero tiene un valor incalculable, porque a través de él se forma nuestro carácter y nos preparamos para tener éxito en el cumplimiento de nuestro destino en Dios.

Por lo tanto, éste es el desafío para usted en este momento particular de su vida: Acérquese a Dios, búsquelo en la intimidad de la oración y la adoración. Sométase al proceso que ha preparado para formar su carácter conforme a la imagen de Cristo. Llénese de la unción del Espíritu Santo. Y comprométase a vivir de acuerdo con el propósito para el cual usted existe en la tierra. El precio es alto y el proceso difícil, pero la recompensa es vivir en Cristo al máximo, participar en el avance del reino de Dios, dejar un legado de bendición a las próximas generaciones y ser parte del remanente que prepara el camino para la segunda venida de Cristo. ¿Aceptará el desafío?

Si está dispuesto a recibir el desafío y ser parte del remanente que Dios está buscando en este momento, lo invito a hacer una oración final conmigo:

Padre Celestial, Te agradezco por toda la revelación acerca de mi propósito que has traído a mi vida por medio de este libro. No es casualidad que esta enseñanza se haya cruzado en mi camino porque es parte de Tu plan para mí. Hoy, me comprometo a buscarte más, a conocerte más íntimamente, y a conocerme a mí mismo a la luz de Tu presencia. Me comprometo a buscar el ambiente adecuado para maximizar mi potencial y servir a una visión dada por Ti. Espero el encuentro sobrenatural iniciado por Ti que me lanzará a mi destino y me moverá hacia el cumplimiento de mi propósito en la tierra. ¡Aquí estoy, Señor! Estoy dispuesto a hacer Tu voluntad, no la mía. Concédeme Tu gracia y poder para soportar toda adversidad y superar todos los obstáculos que se interpongan en el camino. Sé que en Ti, haré grandes cosas. Todo esto lo pido en el nombre de Jesús, que murió y resucitó, que cumplió Su propósito en la tierra y cambió la historia para siempre. Amén.

TESTIMONIOS DE HABER ENCONTRADO Y CUMPLIDO UN PROPÓSITO

LLAMADA A GANAR ROMA PARA EL REINO

Elena Posarelli es una exempresaria a la que el Señor ha llamado como una de Sus apóstoles para avanzar el reino de Dios en Italia. Cuando era una mujer joven, fue secuestrada y abusada. A pesar de eso, se convirtió en una próspera empresaria, pero experimentó otras crisis hasta que Dios la encaminó a una iglesia donde fue guiada a establecer una relación con Jesús. Entonces, cuando se conectó con el Ministerio El Rey Jesús, encontró su verdadero propósito de vida.

Nací en Florencia, Italia, pero actualmente vivo en Roma. Mi infancia y adolescencia fueron difíciles debido a la forma en que mi madrastra me trató (aunque en ese tiempo no sabía que ella no era mi madre biológica). Mi padre era un hombre honesto, pero pasaba la mayor parte de su tiempo trabajando, y cuando estaba en casa, el ambiente era tenso. Nuestra situación económica era muy buena; de hecho, fui a las mejores escuelas. Sin embargo, siempre sentí que esa no era mi familia.

Lo único que me salvó de la depresión fue mi relación con Dios. Cuando tenía sólo seis años, corría lejos de casa para poder estar en la iglesia. Allí, tuve conversaciones con Jesús y recibí revelación de quién era Él en mi vida. Los monjes le decían a mi madre que pensaban que iba a ser monja. Una de las primeras revelaciones que tuve es que Jesús está vivo y no colgado en una cruz. Después de esa revelación, con frecuencia me enojaba con el cura y, concerniente a la estatua de Jesús en la cruz, le decía: "¿Por qué no lo bajan de allí? Él no está allí".

En la escuela, era una chica muy educada con excelentes calificaciones. No me gustaba ir a fiestas o clubes. Vivía entre mi casa, la iglesia y la escuela. Sin embargo, cuando tuve dieciocho años, algo extremadamente feo me pasó. Fui secuestrada por un hombre que practicaba brujería africana. Me mantuvo cautiva durante casi un año, hasta que mis padres pagaron un rescate. Esa persona me hizo brujería y hechicería. Además, abusó de mí, me violó, me embarazó y luego me obligó a abortar.

Después que fui rescatada, los efectos de mi calvario comenzaron a manifestarse. Mis padres me llevaron a un sacerdote, oraron por mí y trataron de ayudarme a ser libre, pero seguía cargando la opresión y la culpa; y empecé a sufrir trastornos alimenticios. Dejé mis estudios, así que no me gradué. Mis padres me involucraron en un negocio para ayudarme, y resulté ser buena en los negocios, de esa forma ahogué todo el dolor con una nueva carrera. En pocos años, obtuve bastante éxito, viajé por el mundo ganando mucho dinero. Pero el dolor dentro de mí seguía siendo grande. Me sentía vacía y nada me llenaba. Terminé dejando la iglesia católica porque vi muchas cosas que no estaban bien. Empecé a mirar otras religiones, como el budismo y el hinduismo, pero todavía no encontraba mi camino.

Cuando tenía unos veintisiete años, fui a América Latina por negocios, y todo salió mal para mí. Tuve un problema de documentos, me estafaron con respecto al negocio por el que había ido, perdí todo el dinero que había ahorrado, no podía salir del país y me enfermé. Los médicos descubrieron un problema grave en mi útero y me dijeron que no podría tener hijos. La situación empeoró y los problemas se acumularon. Allí también la gente me hizo brujería. Sabía que algo fuerte estaba pasando tanto a nivel físico como espiritual, así que hice un pacto con Dios, orando: "Señor, Te conocí de niña, y Te he buscado por todas partes, pero no Te he encontrado. Si me llevas con vida de regreso a Italia, prometo obedecerte".

Al día siguiente, cuando tomé un taxi, descubrí que el conductor era cristiano. Me dijo: "Usted es una mujer de Dios. ¿Por qué está tan triste? Dios tiene un llamado para usted, pero no quiere obedecer". Le contesté: "No sé de qué religión eres, pero si me hablas de Jesús, iré a cualquier parte". Me llevó a una iglesia, y el pastor —sin saber nada sobre mi vida— me dijo: "Tienes una gran vocación por tu tierra, por Italia, pero el diablo quiere matarte". Me llevaron a un retiro de liberación, y allí conocí a Jesús de nuevo. Dios me liberó y tuve experiencias con el Espíritu Santo. Pude perdonar a mi familia e incluso a la persona que me había secuestrado. Dios sanó mi cuerpo, y comencé a encontrar soluciones a mis problemas. Mi negocio repuntó de nuevo, y pude pagar todas mis deudas. Entonces, Dios empezó a hablarme de ministrar en Italia.

Tenía tanta hambre de Dios que me dediqué a buscar conocimiento espiritual. Empecé a leer un libro del Apóstol Guillermo Maldonado y me conecté con su ministerio. Después de siete años de entrenamiento en la iglesia a la que el taxista me había llevado por primera vez, llegó el momento de volver a Italia. Regresé al mismo tiempo que el apóstol fue a España en su primer viaje, y allí lo conocí. Dios le había dado al apóstol un sueño en el que vio mi rostro, y cuando me vio, me reconoció. Con la bendición de mis antiguos pastores, me puse bajo la cobertura espiritual del Apóstol Maldonado y comencé mi ministerio en Roma, con una Casa de Paz de veinte personas. Allí conocí a quien sería mi esposo y me casé. Dios me había dado los nombres de mis hijos, así que nunca dudé de que me convertiría en madre.

Esa Casa de Paz se multiplicó tanto que hoy tenemos un ministerio en casi todas las regiones de Italia. El noventa por ciento de la gente de nuestra congregación son antiguos católicos e incluso antiguos monjes. También estamos en Alemania, Perú, Venezuela y España. Tenemos al menos novecientos líderes bajo nuestra cobertura. Soy la primera mujer italiana en ser comisionada como apóstol, y esto ha abierto el camino para muchas otras mujeres en mi nación. Dios me ha abierto las puertas en la política y la radio, tanto a nivel local como nacional, y todo esto ha sucedido en cinco años desde que comenzó la iglesia. Dios nos ha utilizado para restaurar a Su pueblo porque, en Italia, el porcentaje de personas que son abusadas es alto. A la iglesia acuden muchas mujeres que han sido violadas por otro miembro de la familia, y que tienen problemas psicológicos, emocionales y físicos. Las hemos restaurado, y ahora son mujeres de Dios.

El Señor nos ha sostenido como ministerio, de modo que no he necesitado un trabajo secular. El lugar donde nos reunimos es un milagro; está completamente pagado y tenemos todo lo que necesitamos. Dios ha hecho maravillas en nuestro ministerio, y hemos visto Su gloria. Durante el último Encuentro Sobrenatural en Italia, pudimos documentar 208 testimonios de personas que vinieron con tumores cancerosos, fibromas uterinos, quistes, dolor en el nervio ciático y parálisis facial. ¡Todos fueron sanados por completo! Muchas personas también fueron liberadas de la opresión religiosa.

Uno de los testimonios más notables fue el de una mujer que había sido monja. Dios ministró su corazón para que pudiera tener un encuentro con el amor de nuestro Padre celestial. Siempre había querido casarse, pero debido a las normas religiosas, no había podido hacerlo. Ahora, se siente como una nueva persona, está llena del amor de Dios y está evangelizando a otras monjas. Estoy muy agradecida con Dios por todo lo que ha hecho en nuestra vida. Hoy, después de haber pasado por tantas ocasiones difíciles, veo Su fidelidad cada vez que miro la familia que Él me ha dado, y estoy totalmente enamorada de Él. No conocía el gran propósito que Dios tenía para mi vida, pero ahora puedo ver que todo lo que pasé sirvió para cumplir mi destino en Él.

DE INMIGRANTE INDOCUMENTADO A ABOGADO EXITOSO

Jesús Reyes llegó a los Estados Unidos cuando era sólo un niño. Creció en este país, pero su condición era la de un inmigrante ilegal. Un día, fue detenido por oficiales de inmigración; sin embargo, después de hacer un pacto con Dios, fue liberado y encontró su propósito. Hoy en día, es un conocido abogado, especializado en temas de inmigración.

Cuando era niño, había muchos problemas políticos en mi país, así que mi padre decidió dejar su trabajo y encontrar un futuro mejor para su familia en los Estados Unidos. Cuando nos mudamos, comencé a hacerme muchas preguntas, como "¿Por qué estoy aquí?" y "¿Cuál será mi destino en un país extraño donde no conozco el idioma ni la cultura?" Entonces, conocí al Señor. Siempre quise servirle, pero me encontré con un problema tras otro debido a mi estatus migratorio. Como la mayoría de los inmigrantes indocumentados en los Estados Unidos, tenía muchos sueños y aspiraciones, pero no tenía los requisitos para quedarme. Queriendo mejorar, me las arreglé para inscribirme en una universidad. Pero un día, al llegar a casa encontré oficiales de inmigración en mi apartamento. ¡Nunca pensé que eso me pasaría a mí! De repente, escuché a alguien decir: "¡Vamos! ¡Tienes que irte de este país!" Tuve mucho miedo. En ese momento, ya estaba asistiendo al Ministerio El Rey Jesús, y le pregunté a Dios: "Señor, te sirvo y te amo, así que por qué me está pasando esto a mí?"

Me llevaron a un centro de detención y luego me trasladaron a otro en Pompano Beach, Florida. Después del susto inicial, el Espíritu Santo llenó mi corazón de fe, y sólo quería glorificar a Dios en medio de esa situación. Hice un pacto con Él, diciendo: "Señor, si me sacas de aquí, Te serviré a Ti y a Tu pueblo". Empecé a decirle a mis compañeros detenidos: "¡Glorifiquemos a Dios! ¡Vamos a danzar!" Ellos me decían que estaba loco. Pero les contesté que Dios iba a hacer algo.

DESPUÉS DE UN ENCUENTRO SOBRENATURAL, DIOS ES MÁS REAL PARA NOSOTROS QUE CUALQUIER OPOSICIÓN, PERSECUCIÓN, DECEPCIÓN, O INCLUSO QUE UNA BENDICIÓN.

Mis mentores y mis codiscípulos en la iglesia se unieron en oración por mí. Mis padres y otros miembros de la familia también oraron por mí. Recuerdo que cuando me arrestaron, un abogado me dijo lo que la gente estaba haciendo en mi nombre. Dijo: "Mira, están orando por ti. ¡Lo están haciendo con mucha fe! Mientras oran, toman una tarjeta de residencia de los Estados Unidos y dicen: 'Padre, oramos por nuestro hermano Jesús Reyes. Oramos y decretamos que él es libre, y que Tú le das los documentos que necesita para permanecer en este país'".

Un día, estaba en un lugar abierto junto a otros detenidos de mi centro cuando, de repente, vimos acercarse un avión. Era uno de esos pequeños aviones que pueden escribir en el cielo con humo, y el mensaje decía: "¡Confía en Dios!" Para mí, esa era otra señal de que el Señor estaba conmigo.

Entonces, inexplicablemente, fui liberado del centro de detención. ¿Cómo salí? No lo sé, pero sucedió. Me matriculé en una universidad y me gradué de la facultad de derecho. El Señor pagó todos los gastos de mis estudios, que ascendían a cien mil dólares. Cuando terminé mi licenciatura, trabajé para un bufete de abogados, hasta que decidí establecer mi propio bufete de abogados de inmigración. Gracias al Señor, ahora sirvo a Su pueblo. Poco sabía cuando llegué a este país cuál sería el propósito de Dios para mí. Él ha hecho cosas sobrenaturales en mi vida. Aquí conocí a Dios, mi familia se salvó y el sueño de un futuro mejor se cumplió, no a mi manera, sino a Su manera.

He podido ver la gloria de Dios a través de casos como el de un joven nicaragüense que vino indocumentado a los Estados Unidos, cruzando la frontera a través de México. Venía huyendo de la persecución política en su país. Inmigración y Control de Aduanas de los Estados Unidos (ICE, por sus siglas en inglés) lo envió a un centro de detención, y allí estuvo durante varias semanas; su deportación era inminente. Casi había perdido la esperanza de ser puesto en libertad porque el juez le había negado la libertad bajo fianza. Sin embargo, por la gracia de Dios, pudimos presentar pruebas que finalmente convencieron a las autoridades para que lo liberaran. Ahora es un hombre libre en busca del sueño americano. Además, tuvimos el caso de un joven de Guatemala, llamado Kevin, que había llegado a los Estados Unidos cuando era niño. Asistió a la escuela aquí, creció bajo el sistema educativo estadounidense. Sin embargo, un día, las autoridades de inmigración lo arrestaron y lo llevaron a un centro de detención, donde estuvo recluido durante meses. Su caso tomó más de un año, pero finalmente, con la ayuda de Dios, pudimos liberarlo. Ahora, él está en camino a obtener su estatus de residente.

El Señor me ha llevado a convertirme en una bendición para los demás y a ayudarlos a tener esperanza en medio de situaciones extremas. Le doy gracias a Dios por todo lo que he pasado en mi vida, y estoy esperando las puertas que se abrirán para mí. Dios hace algo nuevo cada mañana en mi vida, y puedo ver esto en la vida de las personas que me rodean. Gracias, Padre celestial, por darle un propósito a mi vida y permitirme bendecir la vida de tantas personas!

ACERCA DEL AUTOR

El Apóstol Guillermo Maldonado es el pastor principal y fundador del Ministerio Internacional El Rey Jesús, en Miami, Florida, una iglesia multicultural, considerada una de las de más rápido crecimiento en los Estados Unidos. El Ministerio El Rey Jesús, está fundado en la Palabra de Dios, la oración y la adoración; y actualmente tiene una membresía de casi diecisiete mil personas. El Apóstol Maldonado es padre espiritual para 400 iglesias en 70 países, incluyendo Estados Unidos, América Latina, Europa, África, Asia y Nueva Zelanda, que forman la Red Global Sobrenatural, que representa a setecientas mil personas. También es fundador de la Universidad del Ministerio Sobrenatural (USM). La edificación de líderes de reino y las manifestaciones visibles del poder sobrenatural de Dios distinguen a este ministerio, así como el número de sus miembros que constantemente se multiplica.

El Apóstol Maldonado es un escritor con récord de ventas a nivel nacional, que ha publicado más de cincuenta libros y manuales, muchos de los cuales han sido traducidos a otros idiomas. Sus libros con Whitaker House incluyen *Oración de rompimiento, Ayuno de rompimiento, Una vida libre de estrés, Cómo caminar en el poder sobrenatural de Dios, La gloria de Dios, El reino de poder, Transformación sobrenatural, Liberación sobrenatural* y *Encuentro divino con el Espíritu Santo*, todos los cuales están disponibles en inglés y español. Además, predica el mensaje de Jesucristo y Su poder redentor en su programa de televisión internacional, *Lo sobrenatural ahora*, que se transmite en TBN, Daystar, Church Channel y otras cincuenta cadenas de TV, que alcanzan e impactan potencialmente a más de dos mil millones personas en el mundo.

El Apóstol Maldonado tiene un doctorado en consejería cristiana de Vision International University y una maestría en teología práctica de Oral Roberts University. Reside en Miami, Florida, con su esposa y compañera de ministerio, Ana, y sus dos hijos, Bryan y Ronald.